MENTE SUBCONSCIENTE

EL GRAN INTERIOR

Christian Larson

Wisdom Collection

Publicado en Estados Unidos
Wisdom Collection LLC.
www.wisdomcollection.com

Mente Subconsciente. El Gran Interior
ISBN: 978-1-63934-021-7

CONTENIDOS

CAPÍTULO 1

EL GRAN INTERIOR

La mente humana es consciente y subconsciente, objetiva y subjetiva, externa e interna. La mente consciente actúa, la mente subconsciente reacciona; la mente consciente produce la impresión, la mente subconsciente produce la expresión; la mente consciente determina lo que debe hacerse, la mente subconsciente suministra el material mental y el poder necesario.

La mente subconsciente es el Gran interior, un mundo mental interno del cual proceden todas las cosas que aparecen en el ser del individuo.

La mente consciente es la mente de la acción, la mente subconsciente es la mente de la reacción, pero toda reacción subconsciente es invariablemente el resultado directo de una correspondiente acción consciente.

Toda acción consciente produce una impresión en el subconsciente y cada reacción subconsciente produce una expresión en la personalidad.

Todo lo que se expresa a través de la personalidad fue primero impreso en el subconsciente y, ya que la mente consciente puede impresionar cualquier cosa sobre el subconsciente, puede obtenerse cualquier expresión deseada, porque el subconsciente invariablemente hará lo que se le indique e imprima.

La mente subconsciente es un fértil campo mental; cada impresión consciente es una semilla sembrada en este campo y dará fruto según su especie, sea la semilla buena o no.

Todos los pensamientos de convicción y todos los deseos profundamente sentidos se imprimen en el subconsciente y se reproducen según su especie, para expresarse más tarde en el ser individual.

Todo deseo de poder, habilidad, sabiduría, armonía, alegría, salud, pureza, vida, grandeza, se imprimirá en el subconsciente y hará que la cosa deseada se produzca en el Gran interior. La calidad y la cantidad dependerán de la profundidad del deseo y del reconocimiento consciente de la verdadera idea transmitida por el deseo.

Lo que se produce en el interior invariablemente se expresará en la personalidad, por lo tanto, sabiendo cómo impresionar el subconsciente, el individuo puede darse a sí mismo cualquier cualidad deseada y en cualquier cantidad deseada.

Poder personal, salud física, brillantez mental, notable habilidad, extraordinario talento artístico, genio excepcional – todos estos son logros que el subconsciente de cada mente puede producir y hacer surgir fácilmente, cuando está correctamente dirigido e impresionado.

La mente subconsciente obedece absolutamente a los deseos de la mente consciente, y ya que el subconsciente es ilimitado, puede hacer por el individuo todo lo que desee que éste haga. Lo que desees llegar a ser, puedes llegar a serlo; el secreto está en el arte de dirigir e impresionar al subconsciente.

Existen posibilidades ilimitadas en el subconsciente de cada mente, y puesto que todas estas posibilidades pueden ser desarrolladas, no hay fin a los éxitos y logros del individuo. Nada es imposible; el Gran interior es ilimitado, la fuente inagotable de todo lo que puede ser requerido para el más alto desarrollo y los más grandes logros en la vida humana.

Todo lo que dirigimos el interior para que produzca, eso invariablemente producirá.

CAPÍTULO 2

EL DESPERTAR DEL SUBCONSCIENTE

Para dirigir e impresionar adecuadamente el subconsciente es esencial reconocer que la mente subconsciente es una mentalidad más fina que impregna cada fibra de toda la personalidad. Aunque el subconsciente puede ser impresionado más directamente a través del centro cerebral, el volumen de la expresión subconsciente aumentará en proporción a nuestro reconocimiento consciente de la vida subconsciente en cada parte de la mente y el cuerpo.

Concentrar frecuentemente la atención en el lado subconsciente de toda la personalidad, despertará al Gran interior; esto hará que uno sienta que un ser nuevo y superior está comenzando a desplegarse, y con ese sentimiento viene la convicción de que existe un poder ilimitado en la vida individual más profunda.

Cuando el despertar del subconsciente se siente en cada parte de la mente y el cuerpo, uno sabe que se puede alcanzar y lograr cualquier cosa; las dudas desaparecen absolutamente, porque sentir lo ilimitado es creer en lo ilimitado.

Al impresionar el subconsciente, la atención debe dirigirse hacia el interior de la mente, y esto se hace fácilmente cuando uno piensa que la mentalidad subconsciente impregna la personalidad como el agua impregna una esponja.

Piensa en la esencia interior que impregna la sustancia exterior, y haz que todas las acciones mentales se muevan hacia la vida mental más fina que vive y se mueve y tiene su ser dentro de la mente interior. Esto hará que la acción consciente se imprima directamente sobre el subconsciente e invariablemente seguirá una correspondiente reacción o expresión.

Al dirigir la atención al subconsciente, la idea que se va a impresionar debe ser claramente discernida en la mente y se debe hacer un esfuerzo por sentir el alma de esa idea. Sentir mentalmente el alma de la idea eliminará por completo la tendencia de la acción mental mecánica, y esto es extremadamente importante, porque ninguna acción mental mecánica puede impresionar al subconsciente.

Es indispensable tener perfecta Fe en el proceso e internamente saber que los resultados están asegurados, eso hace que el fracaso sea imposible. Cuanto más profunda y elevada sea la actitud de fe mientras se impresiona al subconsciente, más profundamente se hará la impresión, y la impresión profunda no solo ingresa a los estados más fértiles del subconsciente, sino que siempre produce resultados.

La actitud de fe lleva a la mente hacia lo superior, lo ilimitado, al alma de las cosas, y esto es precisamente lo que se quiere.

Cuando la mente trasciende lo objetivo, entra en lo subjetivo, y entrar en lo subjetivo es impresionar nuestras ideas y deseos de forma directa, profunda y completa sobre el Gran interior. Tales impresiones invariablemente producirán notables expresiones, no solo porque han entrado más profundamente en el subconsciente, sino además porque cada impresión que se hace en la actitud de fe, recibe una calidad superior, un mayor poder y un valor más elevado.

El subconsciente nunca debe ser abordado en la actitud de orden o exigencia, sino siempre en la actitud de fe y deseo. Nunca le ordenes al subconsciente que haga esto o lo otro, sino que debes desear – un deseo fuerte y profundo - que el subconsciente haga lo que quieres que se haga, y anima ese deseo con la fe de que positivamente se hará. Combinar una elevada fe con un fuerte deseo, mientras se impresiona el subconsciente, es el secreto a través del cual invariablemente se pueden obtener resultados.

El subconsciente nunca debe ser despertado a la fuerza, sino que debe ser despertado y desarrollado gradualmente a través de tales acciones mentales que son profundas y fuertes, pero perfectamente serenas.

Los pensamientos profundos sobre todos los temas importantes, las nobles aspiraciones en toda ocasión y una conciencia constantemente en expansión, ayudará notablemente a despertar al Gran interior.

Cada vez que la atención sea dirigida al subconsciente, debe hacerse un esfuerzo por expandir la conciencia, imaginando en la mente el proceso de expansión, mientras el sentimiento más profundo del pensamiento se pone en contacto con lo universal; debe imprimirse en la mentalidad interna un fuerte y profundo deseo de cosas más grandes, y una profunda quietud debe animar cada acción de la mente.

Siempre se debe actuar pacíficamente sobre el lado interno de la mente, aunque no con esa pasividad que tiene tendencia a producir inacción, sino con esa tranquilidad que produce una acción elevada y fuerte, la cual continúa actuando en serenidad y equilibrio.

Concentrar una acción mental fuerte, profundamente sentida y bien equilibrada sobre toda la mentalidad subconsciente un número de veces cada día, en un tiempo notablemente corto desarrollará el gran interior hasta tal punto que la mente internamente sabrá que se han puesto a su disposición poder ilimitado e innumerables posibilidades, y cuando llega este reconocimiento, la mente puede ir hacia cualquier logro y cualquier éxito; el fracaso será simplemente imposible.

Cuando el desarrollo del subconsciente se ha promovido hasta cierto grado, la mente consciente sentirá instintivamente que el fracaso es imposible, en consecuencia, dejará los resultados a la ley. No habrá ansiedad por los resultados porque sentir la presencia de una acción subconsciente es saber que los resultados deben seguir cuando el subconsciente está correctamente dirigido e impresionado.

La fe perfecta en la ley de que el subconsciente invariablemente hará todo lo que se le impresione, eliminará por completo la ansiedad, y esto es extremadamente importante, porque la mente subconsciente no puede proceder a hacer lo que se ha impresionado, mientras haya ansiedad en la mente consciente.

Proporciona las condiciones adecuadas y la ley producirá positivamente los resultados deseados. Saber internamente esto, es el primer elemento esencial para proporcionar las condiciones adecuadas.

La mente subconsciente es algo similar al fonógrafo; bajo ciertas condiciones puede grabar cualquier cosa, y bajo otras condiciones puede reproducir todo lo que se ha grabado. Sin embargo, existe esta diferencia: el subconsciente no solo reproduce exactamente lo que se ha grabado, sino que también formará, creará, desarrollará y expresará lo que la mente pueda desear cuando se hace la impresión; es decir, el subconsciente no solo reproduce la semilla en sí, sino además tantas semillas como la semilla original desea reproducir, y también el grado exacto de mejora de la calidad, el cual estaba latente en el deseo de la semilla o impresión original. El subconsciente no solo reproduce la idea mental contenida en la impresión, sino también todo lo esencial que se puede requerir para cumplir el deseo de esa impresión.

A través de esta ley, el subconsciente puede encontrar la respuesta a cualquier pregunta o resolver cualquier problema cuando se le imprime adecuadamente con una idea exacta de lo que se desea.

CAPÍTULO 3

EL CONSCIENTE Y EL SUBCONSCIENTE

El subconsciente proporciona lo esencial, pero la mente consciente debe aplicar esos elementos esenciales antes de que se puedan obtener resultados prácticos.

Cuando el subconsciente es dirigido para producir salud, se expresarán aquellas acciones mentales que pueden producir salud en el cuerpo cuando se combinan con las acciones físicas normales; no obstante, es la mente consciente la que debe producir las acciones físicas normales, es decir, vivir con sentido común.

Cuando el subconsciente es dirigido para producir éxito, se expresarán en la mente y el cuerpo aquellos elementos, cualidades y poderes que pueden producir éxito, si se aplican conscientemente. Cuando el subconsciente es dirigido para producir éxito, esos elementos, cualidades y poderes se expresarán en la mente y el cuerpo; si éstos se aplican conscientemente, pueden producir el éxito.

Que el subconsciente puede hacer cualquier cosa, es absolutamente cierto, pero es cierto en este sentido: que puede suministrar el poder, la capacidad y la comprensión para hacer cualquier cosa, pero la mente consciente debe aplicar prácticamente lo que el subconsciente ha traído a la expresión.

El subconsciente suministra el poder y los elementos mentales, pero éstos deben ser utilizados por la mente consciente si se quieren asegurar los resultados deseados. Nada viene listo desde el subconsciente, pero puede darnos el material con el que podemos hacer cualquier cosa.

El subconsciente puede darte los poderes y cualidades de un genio y, si aplicas de manera práctica y constantemente esos poderes y cualidades, te convertirás en un genio. El subconsciente puede darte la vida y el poder necesarios para notables talentos, y si usas esa vida y ese poder en el cultivo diario de tus talentos, esos talentos se volverán notables.

La ley es que la mente consciente debe imprimir sus deseos en el subconsciente con el fin de asegurar los elementos mentales esenciales que pueden ser requeridos para cumplir esos deseos, pero la mente consciente debe usar esos elementos esenciales antes de poder obtener los resultados.

Es la mente consciente la que hace las cosas, pero es el subconsciente el que suministra el poder con el cual se hacen esas cosas, y aprendiendo a atraer del subconsciente, la mente consciente puede hacer cualquier cosa, porque en el Gran interior están latentes innumerables posibilidades y un poder ilimitado.

Las condiciones adecuadas para grabar una impresión en el subconsciente son: sentimiento profundo, fuerte deseo, interés consciente y una fe viva. Cuando estos se mezclan armoniosamente en las acciones conscientes de la mente, el subconsciente será dirigido e impresionado adecuadamente y la respuesta deseada invariablemente aparecerá.

Sin embargo, el elemento esencial es el sentimiento profundo; ninguna idea o deseo puede entrar en el subconsciente a menos que se sienta profundamente, y cada idea o deseo que se sienta profundamente entrará por sí mismo en el subconsciente, ya sea que lo queramos o no.

Es a través de esta ley que el individuo se ve afectado por sus ambientes, entornos y condiciones externas, porque siempre que se permite ser profundamente impresionado por aquello con lo que puede entrar en contacto, esas impresiones entrarán en el subconsciente. Lo que entra en el subconsciente de cualquier mente, se convertirá en una parte de esa mente y afectará, hasta cierto punto, la naturaleza, el carácter, la calidad de los pensamientos y las acciones de esa mente.

Cuando el subconsciente es impresionado por condiciones externas, las impresiones serán como esas condiciones y ya que 'lo semejante produce lo semejante', las condiciones que se producirán en el subconsciente serán exactamente iguales a las condiciones externas de las que provienen las impresiones.

Por lo tanto, el individuo que permite que su subconsciente sea indiscriminadamente impresionado por las condiciones externas, pensará y actuará más o menos según lo que sugiera su entorno. En muchos aspectos su vida será controlada completamente por aquellas personas y cosas con las que pueda entrar en contacto, asimismo, en casi todos los demás aspectos, su vida será mayormente modificada por la presencia de aquellas personas y cosas.

La mente que no controla sus sentimientos puede ser impresionada subconscientemente por cualquier acción externa, ya sea buena o no. Así también, la mente que puede dar un sentimiento profundo a cualquier idea, puede impresionar cualquier idea sobre el subconsciente, y como toda la vida del individuo está determinada por lo que el subconsciente está dirigido o impresionado a hacer, el primero se convertirá, más o menos, como su entorno, no teniendo control ni de sí mismo ni de su destino; mientras que el segundo puede convertirse en lo que quiera y dominarse a sí mismo y a su destino.

Nunca debe permitirse ningún sentimiento indeseable; nunca debe darse en el pensamiento ninguna idea errónea, tampoco se debe pensar seriamente, con sentimiento o simpatía, sobre lo incorrecto o en la maldad, en ningún tipo o forma. Pensar con sentimiento sobre el mal, es impresionar el mal sobre el subconsciente; eso es sembrar semillas indeseables en el jardín de la mente, y el resultado será una cosecha de malezas, enfermedad, problemas y escasez.

Los buenos pensamientos, sentidos profundamente, traerán salud, felicidad, armonía, paz, poder, habilidad y carácter. Los pensamientos erróneos, profundamente sentidos, traerán discordia, depresión, miedo, enfermedad, debilidad y fracaso.

Por lo tanto, para impresionar adecuadamente al subconsciente en todo momento, es necesario entrenar a la mente para que piense solo en aquellas cosas que uno desea realizar y expresar en la vida tangible; y lo que uno no desea encontrar en la experiencia personal, nunca se le debe dar ni un solo momento de pensamiento.

Lo que mentalmente sentimos, invariablemente imprimimos en el subconsciente y existe una tendencia a mentalmente sentir cada pensamiento que recibe una atención prolongada o seria.

Pensar en lo que no queremos, es impresionar en el subconsciente lo que no queremos impresionar; y como cada impresión produce una expresión correspondiente, recibiremos precisamente las cosas que deseamos evitar. Es a través de esta ley que aquello que tememos siempre viene a nosotros, porque lo que tememos, sin duda, se imprimirá en el subconsciente. Temer a la enfermedad, al fracaso o a los problemas, es sembrar semillas en el campo subconsciente que traerán consigo una cosecha de condiciones de enfermedades, pensamientos inquietantes, estados mentales confusos y acciones mal dirigidas en la mente y el cuerpo.

Cuanto más intenso sea el miedo, más profunda será la impresión subconsciente y recibiremos más de aquello que temíamos que podríamos recibir.

A través de la misma ley, siempre recibimos aquello que seguimos esperando en el deseo de la fe fuerte y profunda. Cuanta más fe tenemos en la realización y el logro de aquello que tiene calidad, superioridad y valor, más profundamente impresionamos el subconsciente con esas semillas mentales que pueden y traerán el bien mayor que deseamos.

Tener fe en el logro de la paz, la armonía, la salud, el poder, la habilidad, el talento y el genio, mientras se dirige al subconsciente para que produzca esas cosas, es hacer que esas mismas cosas se creen dentro de nosotros en una medida cada vez mayor.

CAPÍTULO 4

CÓMO ELIMINAR LAS IMPRESIONES ERRÓNEAS

El propósito de dirigir conscientemente e inteligentemente el subconsciente es, en primer lugar, corregir cada error, cada falla, cada defecto, cada perversión y cada condición imperfecta que pueda existir en la personalidad del individuo; y, en segundo lugar, llevar a su máxima expresión las ilimitadas posibilidades que existen en el gran interior.

Todo lo que está mal en la vida personal del individuo proviene de una correspondiente impresión errónea en el subconsciente; la impresión subconsciente errónea es la causa, la condición externa errónea es el efecto. Por lo tanto, es evidente que eliminar todas las impresiones erróneas del subconsciente es establecer una completa emancipación en todo el ser individual.

Para eliminar cualquier impresión errónea del subconsciente, se debe hacer la impresión correcta opuesta en su lugar. Una impresión errónea no puede ser eliminada por fuerza mental, resistencia o negación. Si produces la impresión correcta, entonces la impresión errónea dejará de existir.

Entrenando a la mente a pensar solo en lo que se desea en real cumplimiento y experiencia, e imprimiendo profundamente todos esos pensamientos y deseos en el subconsciente, toda impresión indeseable será eliminada; la causa de cada error, defecto o perversión en el individuo será eliminada, en consecuencia, los errores, defectos y perversiones dejarán de existir.

Todo el campo del subconsciente puede cambiarse absolutamente haciendo que se formen constantemente impresiones nuevas y superiores en el gran interior; y cada cambio que se produzca en el subconsciente traerá un cambio correspondiente en la mente y el cuerpo.

No hay nada adverso en la mentalidad o en la personalidad del individuo que no pueda corregirse haciendo que se forme la impresión correcta en el subconsciente. Todas los errores, fallas o defectos, ya sean hereditarios o producidos personalmente, pueden eliminarse completamente a través de la dirección inteligente del subconsciente.

Cada impresión que se haga correctamente en la mente subconsciente producirá una expresión correspondiente en la personalidad; esa es la ley y no puede fallar; pero la impresión debe hacerse correctamente. El subconsciente no responde a simples mandatos, porque no razona ni discierne; no obedece a lo que se le dice que haga, sino a lo que está impresionado a hacer. Es la idea que entra en el subconsciente la que determina la acción subconsciente; pero la idea no debe simplemente ser dada, debe entrar en el subconsciente.

La idea que predomina en la mente mientras se dirige el subconsciente, es la idea que se impresionará; por lo tanto, los deseos negativos impresionarán al subconsciente para hacer justo lo opuesto a lo que se quiere por el deseo.

Dirigir el subconsciente para eliminar la enfermedad, es impresionar la idea de enfermedad, porque la mente piensa principalmente en enfermedad en ese momento, en consecuencia, se producirá más enfermedad.

Lo que determina los resultados, no es lo que el subconsciente está dirigido a hacer, sino el pensamiento predominante que se transmite a través de esa dirección; por lo tanto, el pensamiento predominante debe ser idéntico al resultado final deseado. Cuando se desea la salud, no se debe dar ningún pensamiento a la enfermedad; el subconsciente no debe ser dirigido a eliminar la enfermedad, sino que debe ser dirigido a producir salud.

El subconsciente siempre debe estar dirigido a producir aquellas cualidades y condiciones que se desean, y aquellas condiciones que deben eliminarse nunca deben ser mencionadas en la mente. Las condiciones adversas desaparecerán por sí mismas cuando se establezcan las verdaderas condiciones; pero la mente no puede impresionar, crear o establecer lo verdadero, mientras la atención esté siendo concentrada en lo adverso.

Dirigir al subconsciente para que no haga esto o aquello, es impresionar al subconsciente para que haga precisamente eso. Cuando intentas impresionar al subconsciente con la idea de que no deseas enfermarte más, tú tienes en mente la enfermedad, y es la idea que tienes en la mente la que imprimes en el subconsciente.

Para eliminar la enfermedad, olvida por completo la enfermedad e imprime en el subconsciente la idea de salud, y esa idea solamente. Desea la salud con todo el poder de la mente y llena ambos lados de la mentalidad, consciente y subconsciente, tan completamente con ese deseo, que todo pensamiento de enfermedad sea olvidado.

La negación imprimirá en el subconsciente la naturaleza y el poder de la misma cosa que se niega; de modo que, negar el mal o resistir el mal es producir causas en la mente las cuales, en los días venideros, producirán más mal.

Intentar negar las condiciones adversas es continuar en una guerra mental perpetua con esas mismas cosas que la mente está tratando de destruir. Estados temporales de aparente libertad en algunas partes del sistema, serán seguidos regularmente por brotes de adversidad en otras partes; porque la causa subconsciente de las condiciones indeseables en la mente o el cuerpo no ha sido eliminada. Mientras continuemos resistiendo o negando el mal, pensaremos en el mal, y mientras pensemos en el mal, el mal se imprimirá en el subconsciente; y todo lo que imprimimos en el subconsciente, el subconsciente reproducirá y traerá a la vida personal.

Cuando tenemos una gran empresa que deseamos promover y deseamos asegurar tanto poder adicional, habilidad y capacidad como sea posible desde el interior, el subconsciente no debe ser dirigido a prevenir el fracaso. Pensar en el fracaso es impresionar el subconsciente con la idea del fracaso y, entonces, se expresarán condiciones perjudiciales, condiciones que confundirán la mente y producirán el fracaso.

Todo pensamiento de fracaso debe ser eliminado y el subconsciente debe ser profundamente impresionado para producir el éxito. El subconsciente responderá generando el poder, la habilidad, la capacidad, la comprensión y la determinación que producirán el éxito.

CAPÍTULO 5

EL BIEN MAYOR EN MENTE

Cuando se dirige adecuadamente, la mente subconsciente puede inspirar a la mente consciente a hacer lo correcto en el momento correcto; a aprovechar las oportunidades durante el momento psicológico y para tratar con las circunstancias de tal manera que todas las cosas trabajen juntas para promover el objetivo en vista.

Por lo tanto, es evidente que cuando se entrena al subconsciente para trabajar en armonía con los objetivos y los deseos de la mente consciente, el fracaso se vuelve imposible, y cualquier persona puede asegurar el éxito en medidas cada vez mayores.

Al tratar de eliminar hábitos, deseos o tendencias indeseables, la mente nunca debe pensar: "No volveré a hacer esto", porque a través de tal pensamiento o declaración, el hábito en la mente será reimpreso en el subconsciente y ganará una posición más profunda en el sistema.

El curso correcto a seguir es olvidar por completo lo que deseas eliminar; rehúsate a pensar en ello; cuando te sientas tentado a pensar en el tema, vuelve tu atención a las cualidades, deseos o tendencias opuestas. Si no consigues interesarte lo suficiente por esos deseos opuestos, para olvidar lo que quieres olvidar, busca los puntos de vista más interesantes relacionados con esos deseos opuestos. El esfuerzo mental empleado para tratar de encontrar el punto de vista más interesante relacionado con esos deseos, hará que la mente se interese completamente en esos deseos y, en consecuencia, olvidará aquellas cosas que deben ser olvidadas.

Cuando la mente esté interesada en aquellos deseos que deseas cultivar, éstos deben ser impresos en el subconsciente con toda la profundidad de sentimiento que sea posible despertar. Estas impresiones deben repetirse varias veces cada día y los nuevos deseos pronto se arraigarán en el subconsciente.

Cada deseo o tendencia que se arraigue en el subconsciente, comenzará a desarrollarse y expresarse en el ser individual y será sentida en toda la personalidad. Cuando el nuevo deseo se exprese plenamente, se sentirá completamente; y ya que no pueden existir en la persona dos deseos de naturaleza opuesta al mismo tiempo, los antiguos deseos desaparecerán; las antiguas tendencias y los viejos hábitos habrán desaparecido por completo.

Imprimir en el subconsciente un fuerte deseo por lo mejor, lo más puro y lo superior, es hacer que el sistema anhele algo mejor; la fuerza del deseo será refinada; todo el organismo será purificado y las necesidades del ser individual se volverán normales en un plano superior.

Todo tipo de hábitos indeseables pueden eliminarse impresionando constantemente en el subconsciente la idea del deseo puro; y todas las tendencias a la ira, el odio y estados similares, pueden eliminarse haciendo que las cualidades de amor, bondad, justicia y simpatía se desarrollaren más plenamente en el gran interior.

Para eliminar el miedo y la preocupación, impresiona el subconsciente, tan frecuentemente como sea posible, con el profundo sentimiento de fe, gratitud y luz mental.

Tener fe es saber que el individuo tiene el poder de aumentar perpetuamente el bien y que puede constantemente seguir adelante hacia cosas mejores y más grandes. Tener fe es ser guiado por una lucidez mental superior y, por lo tanto, saber cómo seleccionar lo que es firme y seguro; y el que sabe que está en el camino seguro, el camino ascendente, el camino sin fin hacia cosas mejores y más grandes, ha eliminado absolutamente el miedo.

Vivir constantemente en el espíritu de gratitud no es solo eliminar la preocupación, sino la causa de la preocupación. Ser agradecido por el bien que ahora está llegando a la vida es abrir el camino para la venida de un bien mayor. Esta es la ley; y quien recibe diariamente el bien mayor, no tiene motivos para preocuparse, incluso olvidará que la preocupación alguna vez tuvo un lugar en su mente.

Impresionar constantemente el subconsciente con la luz mental, es establecer la tendencia a vivir en el lado brillante, el lado soleado; y vivir en el lado brillante es aumentar tu propio brillo; tu mente se volverá más brillante, tu pensamiento tendrá más lucidez y claridad, tu naturaleza tendrá más dulzura, tu personalidad estará en perfecta armonía con todo, tu vida será mejor, tu trabajo será mejor, todo será mejor; por lo tanto, al vivir en el lado brillante, todas las cosas serán cada vez mejores y más brillantes para ti.

Cuando todo está oscuro y todo parece ir mal, despierta todas tus energías con el propósito de impresionar y dirigir el subconsciente para producir el cambio que deseas. Dales el sentimiento más profundo que sea posible a esas impresiones y ten una fe más fuerte que nunca antes.

Continúa persistentemente hasta que el Gran interior empiece a responder; entonces sentirás desde adentro cómo actuar, y se te dará el poder de hacer lo que crees que debes hacer. En poco tiempo, las cosas darán un giro; la amenaza de calamidad será evitada por la aparición de ese poder interno que es mayor que todas las adversidades, todos los problemas, todos los males; y este poder, una vez que se ha despertado, procederá a crear un futuro mejor que el que nunca antes hayas conocido.

CAPÍTULO 6

PODER SUPERIOR

Cuando el subconsciente está siendo impresionado, no se debe pensar en ningún momento en la limitación, y no se deben hacer comparaciones con otras personas o logros anteriores.

Pensar que hoy deseas hacerlo mejor que ayer, es dar al subconsciente dos ideas no relacionadas sobre las cuales actuar: la idea del menor logro del pasado y la idea del mayor logro del futuro. El subconsciente intentará reproducir ambos, pero como son antagónicos, se neutralizarán mutuamente y no habrá resultados. Lo mayor y lo menor no pueden ser producidos por la misma fuerza al mismo tiempo.

Impresionar el deseo de que llegar a ser más grandioso que cualquier otra persona, también presentará al subconsciente dos ideas en conflicto y los resultados nuevamente serán neutralizados.

El curso a seguir es olvidar los logros menores de ayer; piensa solo en los mayores logros que deseas promover hoy; luego dirige al subconsciente que haga hoy lo que deseas hacer hoy. Esto hará que el gran interior dé todo su poder y atención a la única idea, el mayor logro de hoy; y el mayor logro efectivamente seguirá.

Debes saber qué deseas llegar a ser; resuelve convertirte en lo que deseas llegar a ser, ya sea que otros hayan alcanzado esas alturas o no; olvida las alturas menores que otros han alcanzado y entrega toda tu mente y tu alma a las mayores alturas que has resuelto alcanzar.

Tú puedes llegar a ser lo que desees ser; el gran interior es ilimitado y puede darte toda la sabiduría y todo el poder que puedas necesitar. Sabiendo esto, dirige al gran interior para que traiga lo que puedas necesitar para alcanzar tu gran meta, y precisamente eso se hará. El subconsciente nunca deja de hacer lo que correctamente es dirigido a hacer.

Al impresionar al subconsciente, piensa en lo perfecto en lo que respecta a la calidad, y en lo ilimitado en lo que respecta a la cantidad. Nunca especifiques una cantidad exacta, ni ningún grado especial; siempre desea lo ilimitado y lo perfecto; no desees nada menos y anima la conciencia con un fuerte deseo de expandirse constantemente durante el proceso, para que se pueda realizar la más alta calidad y la mayor cantidad posible.

Desea la expresión más completa posible en el gran eterno ahora; reconoce que tus propios poderes y capacidades son ilimitados, e impresiona esa idea en el subconsciente.

No pienses en los logros menores en tu propia vida o en la vida de otros, sino que mantén tu ojo mental fijo en lo que deseas llegar a ser, sabiendo que puedes llegar a ser lo que deseas porque no hay limitaciones en el gran interior.

Cuando el subconsciente comienza a responder, con frecuencia, se siente una clara sensación de que algún poder interior está trabajando a través de uno; esto significa que se está despertando un poder mayor desde el interior, y la mente externa debe dar pleno paso para que se pueda asegurar una expresión completa; es decir, la mente consciente debe volverse tranquila, serena y completamente receptiva y, por el momento, debe olvidar el ser individual.

Cuando se olvida el ser individual y se le da mayor posesión al ser interior, tanto de la mentalidad como de la personalidad, es cuando se realiza el mejor trabajo de uno. Es entonces cuando la habilidad real, el talento real y el genio real pueden aparecer en la vida y la acción tangibles.

Cuando el músico se olvida de sí mismo, hay algo en su música que despierta las profundidades del alma y te eleva a un mundo mejor. Cuando el artista se olvida de sí mismo, sus cuadros cobran vida inmortal y cada toque revela un universo de belleza indescriptible. Cuando el orador se olvida de sí mismo, habla como alguien que tiene autoridad, y tú sientes internamente que cada palabra es verdadera. Cuando el practico hombre de negocios se olvida de sí mismo, se le otorga un poder que es infalible y los obstáculos que se encuentran en el camino desaparecen como si nunca hubieran tenido la más mínima existencia.

Son estas personas las que hacen grandes cosas en el mundo; son estas personas quienes viven en el corazón humano durante siglos después de su partida; y su secreto es este: la grandeza dentro de ellos fue despertada y se le permitió dar plena expresión a su excepcional poder superior.

Cuando sientas este poder superior moviéndose misteriosamente dentro de las profundidades de la mente y el alma, sabrás lo que está ocurriendo; mantén la calma y dale paso al ser superior.

Al principio, este poder puede sentirse como si fuera distinto de ti mismo; pero no lo es, es tu propio poder superior; el surgimiento de tu propio poder ilimitado; el mismo poder que durante algún tiempo has estado dirigiendo al subconsciente para que lo produzca; y cuando sientes que es tuyo, se coloca en tu plena posesión consciente y hará lo que quieras o dirijas.

Es extremadamente importante sentir internamente que todo el gran interior es tuyo, porque cuanto más completamente se une la mente consciente con el poder del subconsciente, más perfectamente puede la mente consciente impresionar al subconsciente, y más completamente podrá el mayor poder del subconsciente expresarse en una acción externa y tangible.

Cuando tengas que hacer algo que exija lo mejor que hay dentro de ti, impresiona al subconsciente para un poder superior; luego espera unos momentos para que aparezca este poder; y cuando aparezca, deja que el ser externo obedezca. El gran interior ha venido para hacer tu trabajo y ningún poder en la existencia puede hacerlo mejor.

Entrar en plena posesión consciente del poder superior desde el interior y dar pleno paso a este poder, es otorgar a tus talentos y facultades objetivas el mayor poder y el mejor poder a tu disposición.

CAPÍTULO 7

CÓMO ATRAER PODER

Para impresionar al subconsciente para obtener más poder es necesario dar a esa impresión todo el poder del cual la mente es consciente ahora; en otras palabras, la semilla que ya está a mano debe ser colocada en suelo fértil; se debe hacer que el poder que ahora está activo en la mente consciente actúe sobre el subconsciente; habrá un aumento y al reimprimir el poder agregado sobre el subconsciente cada vez que se gana poder agregado, este aumento será perpetuo.

Para proceder, concentra la atención en el lado subconsciente de toda la personalidad y desea calmadamente, pero con profundo sentimiento, llevar todas las energías activas presentes del sistema hacia el subconsciente.

Cuanta más energía se lleve hacia el subconsciente durante este proceso, más poder se imprimirá sobre el subconsciente y cuanto más poder se imprima sobre el subconsciente, más poder se expresará desde el subconsciente.

La ley es que cualquier poder que se imprima en el subconsciente regresará a la personalidad externa con un poder agregado, al igual que cada semilla sembrada en suelo fértil se reproducirá, diez, veinte, sesenta e incluso cien veces.

Por lo tanto, despertar diariamente todo el poder que poseemos personalmente, e imprimir todo ese poder en el subconsciente, es aumentar perpetuamente la cantidad de poder personal; y la calidad de ese poder puede mejorarse constantemente transmutando y refinando todas las fuerzas presentes del sistema, antes de que se impriman en el subconsciente.

Antes de que la mente consciente comience a actuar sobre el subconsciente, todos los pensamientos y todos los sentimientos deben elevarse a los estados más altos de calidad, valor y superioridad que puedan alcanzase. Esto hará que la impresión sea superior y una impresión superior producirá una expresión superior.

Aquello que es común, ordinario o inferior, nunca debe tenerse en la mente, ni sentirse profundamente ni por un momento, porque sentir lo ordinario es impresionar lo ordinario en el subconsciente; es sembrar semilla inferior y la cosecha será barata, común, sin valor.

Ninguna persona debe pensar en sí misma como inferior, ni permitirse reconocer lo imperfecto en su naturaleza. Reconocer o sentir lo imperfecto es sembrar más semillas de imperfección y tener otra cosecha que no vale la pena.

Hay una naturaleza superior dentro del individuo, solamente esta naturaleza debe ser reconocida y sentida; solo aquellos pensamientos e ideas que se forman en la imagen exacta de lo superior deben ser impresos en el subconsciente, entonces, el subconsciente responderá otorgando superioridad a toda la mentalidad y a toda la personalidad.

La persona promedio no consigue mejorar porque vive principalmente en la conciencia de sus imperfecciones; siente que es alguien corriente y constantemente impresiona al subconsciente con este sentimiento de lo corriente, de esta manera, el subconsciente naturalmente responde produciendo lo corriente, tanto en la mente como en el cuerpo.

Sin embargo, la persona que vive en el ideal, que piensa constantemente en el mayor valor que está dentro suyo y que intenta sentir y reconocer su naturaleza superior, dará calidad a cada impresión que pueda entrar en el subconsciente y, de acuerdo con la ley de acción y reacción, desarrollará continuamente una mayor calidad y valor a través de toda su naturaleza.

La calidad de la impresión que se le da al subconsciente siempre corresponde al grado de calidad del que somos conscientes en el momento en que se produce la impresión. Por lo tanto, es de gran importancia refinar, elevar y enriquecer todos los pensamiento y sentimientos, antes de que la mente consciente comience a actuar sobre el subconsciente.

Cuanta más calidad se otorgue al poder que se está desarrollando, mayores serán los resultados que se pueden obtener mediante la aplicación de ese poder.

Es la calidad y la cantidad combinadas lo que produce grandeza - y una grandeza cada vez mayor es el propósito que todos tenemos en vista.

Sentir constantemente la grandeza del gran interior es impresionar constantemente en el subconsciente la idea de grandeza; esto hará que el subconsciente desarrolle grandeza y exprese grandeza a través de cada parte del ser individual.

A medida que se desarrolle la grandeza, el sentimiento de grandeza se hará más profundo, más fuerte y más intenso; esto hará que se impriman en el subconsciente mejores y más grandes ideas de grandeza; y el resultado de estas impresiones serán expresiones cada vez más grandiosas; una mayor medida de grandeza se desarrollará perpetuamente a través de la ley de: lo mucho trae más o "al que tiene se le dará".

Todo el desarrollo proviene del subconsciente, y ya que las posibilidades del gran interior son ilimitadas, a través de la dirección correcta del subconsciente, cualquiera puede desarrollar una habilidad notable, un talento extraordinario y un genio excepcional.

Todo genio es el resultado de una gran mentalidad subconsciente; por lo tanto, cualquiera puede convertirse en un genio despertando una medida cada vez mayor del gran interior.

Es literalmente cierto que hay un genio dormido en el subconsciente de cada mente, pero despertar este genio no es lo único esencial; la mente consciente debe ser cultivada científicamente, de modo que la habilidad superior desde dentro pueda encontrar una expresión libre y completa.

La mente consciente debe ser cultivada, el subconsciente debe ser desarrollado; la mente consciente debe ser entrenada para hacer cosas, mientras que el subconsciente debe ser dirigido para dar cada vez más poder para hacer cosas cada vez más grandes.

El subconsciente tiene la capacidad de producir genio en cualquier mente, el genio más grande que se pueda imaginar, pero la mente consciente debe ser altamente cultivada para convertirse en un instrumento adecuado a través del cual el genio pueda encontrar expresión para su trabajo superior.

Cuando se recibe calidad y valor del subconsciente, la mente consciente debe usar esas cosas en la acción práctica, para que los elementos externos y las fuerzas de la mente puedan ser entrenadas para apreciar la calidad y el valor apropiado en todas sus expresiones tangibles.

Los lados consciente y subconsciente de la mente deben estar en la relación armoniosa más perfecta, de modo que cada impresión de la mente consciente pueda entrar profundamente en el subconsciente y cada expresión del subconsciente pueda trabajar a través de la mente consciente sin ninguna restricción o interferencia.

Toda la mente se desarrolla a través del logro de estados de conciencia más profundos y más elevados del gran interior; y como este reino interior no tiene límites, las posibilidades de desarrollo mental no tienen fin.

Para obtener esta conciencia interior, la conciencia objetiva debe profundizarse constantemente hacia el insondable interior, y esto se logra entrenando todas las tendencias mentales a moverse hacia el interior.

Las tendencias mentales se moverán hacia aquellos estados del ser a los que prestamos mayor atención; por lo tanto, al pensar constantemente con un sentimiento profundo en el gran interior, todas las tendencias mentales se moverán hacia y dentro del gran interior, y llevarán al subconsciente cada idea, pensamiento o deseo que la mente consciente pueda desear realizar y cumplir.

Cuando todas las tendencias mentales se mueven hacia el subconsciente, y todo pensamiento recibe sentimiento, valor y calidad, el subconsciente se impresionará constantemente con ideas superiores, lo que significa una constante expresión de vida superior, habilidad superior y poder superior.

Cuanto más profundamente entren las tendencias de la mente en el subconsciente, más se despertará el gran interior, y todo lo que se despierte en el interior, invariablemente llegará al ser personal.

Por lo tanto, es evidente que cuando dejamos de vivir en la superficie de la vida personal, constantemente mejoramos esa superficie; al vivir mentalmente en el interior, fortaleceremos, enriqueceremos y perfeccionaremos el exterior; es decir, mejoramos los efectos externos profundizando en el subconsciente e incrementando la calidad y el poder de las causas internas.

La persona que realmente entra a vivir en la vida más profunda, no ignorará el cuerpo; aquellos que simplemente sueñan con estados de vida internos pueden descuidar el cuerpo, pero aquellos que desarrollan a fondo la vida interior más grande serán capaces de dar al cuerpo lo mejor que se pueda asegurar; y disfrutarán de la existencia física infinitamente más que aquellos que simplemente viven en la superficie.

Es verdad que todo lo que despertemos y desarrollemos en el Gran interior, invariablemente se manifestará en una expresión personal tangible.

CAPÍTULO 8

CONSTRUYENDO UN CARÁCTER PERFECTO

Cada persona es, ni más ni menos, que lo que le ha dado su mente subconsciente. El subconsciente está preparado para dar todo lo que cualquiera pueda desear, en consecuencia, la afirmación de que todos podemos llegar a ser lo que deseemos ser, es absolutamente verdadera; pero lo que el subconsciente le dará a cualquier persona, depende en gran medida del movimiento de sus tendencias mentales.

Todas las energías creativas del sistema siguen las tendencias de la mente; por lo tanto, cuando todas las tendencias mentales se mueven hacia el subconsciente, toda la energía excedente que se genera en el sistema entrará en el subconsciente, y mientras más energía entre en el subconsciente, más se despertará y se desarrollará el subconsciente.

Cuanto mayor sea el campo que se pone bajo cultivo, mayor será la cosecha.

Cada tendencia mental que se entrena para entrar en el subconsciente causará una tendencia correspondiente a expresarse permanentemente; entonces, al hacer que todas las tendencias valiosas se muevan hacia el subconsciente, responderá expresando a través de la personalidad las tendencias a ser justo, sincero, honesto, virtuoso, amable, simpático, de temperamento dulce, alegre, valiente, fiel, perseverante, trabajador, en resumen, todo lo que va a hacer una personalidad fuerte y valiosa.

Mediante un sencillo sistema de entrenamiento subconsciente, cualquier persona puede construir el carácter más fuerte y hermoso que se pueda imaginar, y en un tiempo razonable, convertirlo en una parte permanente de sí mismo.

La falta de carácter se debe enteramente al hecho de que el subconsciente ha sido impresionado incorrectamente; se han formado tendencias erróneas, y recordemos que nada puede tentar a alguien a hacer el mal, excepto las tendencias perversas que se expresan desde su propia mente subconsciente.

Todo lugar débil en la mente o el carácter es causado por una tendencia subconsciente equivocada; tales tendencias pueden haber sido heredadas, muchas de ellas lo son, pero todas pueden ser corregidas dirigiendo diariamente el subconsciente para que produzca la cualidad opuesta.

Pensar con convicción que la naturaleza humana es débil, es imprimir en el subconsciente la idea de debilidad y el subconsciente responderá produciendo una tendencia a la debilidad. Por lo tanto, aquel que piensa que es débil, hará que su naturaleza continúe siendo débil. Somos débiles o fuertes de acuerdo con lo que dirigimos al subconsciente para que produzca en nosotros.

Reconocer que el gran interior contiene el poder de hacer que la personalidad sea tan fuerte como deseamos que sea, e impresionar en el subconsciente un fuerte deseo por ese poder, es dirigir el subconsciente para hacernos fuertes; y todo lo que le indiquemos al subconsciente que haga, invariablemente lo hará.

No hay ninguna razón por la cual una persona deba continuar teniendo un cuerpo débil, un carácter débil o una mente débil; todo el ser puede fortalecerse si el subconsciente está adecuadamente dirigido a producir la vida más grande y el poder más grande.

Cuando el gran interior está despierto tenemos una personalidad poderosa, una mente gigante, un carácter irresistible y una gran alma. El resultado natural es una gran vida, una vida que es demasiado fuerte para ser tentada, demasiado fuerte para ser influenciada o perturbada por la adversidad, demasiado fuerte para ser desviada del camino hacia su elevada meta. Una vida así no solo vivirá una vida que es vida, sino que será una infinita inspiración para la raza; y tal vida está esperando en el gran interior de cada alma.

CAPÍTULO 9

CÓMO IMPRESIONAR EL SUBCONSCIENTE

El gran interior es la fuente de toda inspiración, de toda la música real, de todo el arte permanente, de toda la poesía con alma, de todo rico pensamiento, de todas las ideas de genuino valor, de toda invención, de todo descubrimiento, de toda ciencia y la verdad que es absoluta.

Todo lo que tiene valor, ya sea en un grado pequeño o en un grado muy grande, proviene directamente de la riqueza del subconsciente. Por lo tanto, para hacer lo más grande, la mente debe entrar en el contacto más íntimo con el gran interior y debe esperar lo mejor que el ilimitado interior puede producir.

Cuando necesites ideas, planes, métodos, formas y medios, llama al subconsciente; la llamada no será en vano; el subconsciente puede suplir todas las necesidades, e invariablemente lo hará cuando se le dirija correctamente.

No obstante, al dirigir al subconsciente, toda la acción consciente debe estar en absoluto equilibrio; no solo es necesario impresionar lo que deseamos, sino impresionar ese deseo de tal manera que realmente produzca una impresión.

Cuando aceptamos el gran hecho de que el interior es ilimitado, la mente naturalmente se entusiasma; el sentimiento correrá alto y es muy probable que se vuelva ansiosa; pero tal sentimiento no tiene profundidad, es simplemente un emocionalismo superficial, desperdiciará cualquier cantidad de energía, pero nunca producirá una sola impresión en el subconsciente.

Para impresionar al subconsciente, la mente debe estar en calma, toda la personalidad debe estar en equilibrio y este sentimiento de equilibrio debe tener esa gran profundidad que toca el alma misma de la vida.

No debe permitirse el más mínimo rastro de entusiasmo emocional, ni el sentimiento debe correr hacia la superficie en ningún momento; las acciones de la mente, especialmente las del sentimiento, deben moverse hacia el gran interior si queremos alcanzar el subconsciente. No debe haber ninguna ansiedad relacionada con el deseo de impresionar al subconsciente y toda forma de duda debe eliminarse por completo.

Para impresionar adecuadamente el subconsciente es necesaria una aplicación fiel, también una práctica constante y una perseverancia que no se dé por vencida; pero el premio bien vale el esfuerzo.

Reconocer que el subconsciente puede y hará cualquier cosa cuando se impresiona adecuadamente, es perseverar hasta que se haya hecho la impresión adecuada; y son los que trabajan en este reconocimiento los que obtienen resultados maravillosos.

Para eliminar la tendencia a sentirse emocional mientras actúas sobre el subconsciente, cultiva el sentimiento sustancial; entrénate para sentirte sustancial en todo momento, y los sentimientos desenfrenados, vacíos y exagerados desaparecerán por completo.

Es el sentimiento adecuado lo que determina la impresión adecuada; por lo tanto, el logro del sentimiento profundo y sustancial es extremadamente importante, aunque es igualmente importante poder sentir las vibraciones de las fuerzas más finas del sistema.

Son las fuerzas más finas las que impresionan al subconsciente y el subconsciente es invariablemente impresionado cada vez que se sienten estas fuerzas.

Para desarrollar la conciencia de las fuerzas más finas, la atención debe concentrarse frecuentemente en esa vida que impregna los elementos tangibles en cada parte del ser, durante esta concentración, el sentimiento de conciencia debe profundizarse y expandirse tanto como sea posible.

Cada acción consciente debe ser entrenada para penetrar hasta lo más profundo de la vida y durante este proceso la mente debe actuar en la comprensión de que cuanto más profundamente penetra cualquier elemento de la personalidad, más finas serán las fuerzas en las que entrará la conciencia.

Para despertar o elevar cualquier fuerza o elemento, la atención debe concentrarse en ese estado en el que se sabe que existe la fuerza o elemento deseado, y la mente debe pensar en la naturaleza de esa fuerza o elemento de acuerdo con el mejor entendimiento posible que pueda formarse de esa naturaleza.

El mismo método puede emplearse en el desarrollo del lado subconsciente de cualquier facultad o talento deseado.

Las energías creativas del sistema siempre construyen aquellas cualidades en las que la mente puede estar pensando; por lo tanto, pensar continuamente sobre la verdadera naturaleza de un gran talento es desarrollar ese talento en el mismo grado de grandeza que se discierne en la mente.

El poder de este método en el desarrollo de la habilidad, el talento y el genio es prácticamente ilimitado, porque la mente es capaz de discernir grados cada vez más elevados de grandeza, y el subconsciente es capaz de proporcionar energías creativas en un grado tan alto de finura y poder como sea necesario.

Para obtener los mejores resultados de cualquier método a través del cual se pueda desplegar y expresar el gran interior, es extremadamente importante utilizar adecuadamente los factores conscientes y subconscientes de la mente en las diversas etapas del proceso. Mientras se impresiona al subconsciente, la mente consciente debe ser fuerte, firme, positiva y altamente activa, pero debe estar perfectamente tranquila y receptiva mientras espera una respuesta del subconsciente.

La armonía, la serenidad y el equilibrio son estados indispensables tanto cuando se hace la impresión como cuando se espera la expresión.

Otro punto de gran importancia, es el uso correcto de la voluntad. No se debe escatimar tiempo ni esfuerzo para establecer este uso correcto, porque cuando la voluntad se aplica mal, las expresiones subconscientes son interferidas a tal punto, que los resultados son completamente neutralizados.

Cuando el subconsciente está siendo impresionado, la voluntad debe actuar firme y directamente sobre esa conciencia que se siente en el subconsciente, pero cuando se espera que el subconsciente responda, la voluntad debe ser relajada en un estado de completa inacción.

No es el propósito de la voluntad controlar a la persona externa actuando directamente sobre ella; la voluntad controla a la persona externa haciendo que el subconsciente produzca en ella lo que se desea; pero cuando el subconsciente comienza a expresar lo que la voluntad ha deseado y dirigido, la voluntad debe dejar de actuar por el momento.

La verdadera función de la voluntad es actuar sobre los estados más finos de la conciencia; es decir, los estados subconscientes - aquellos estados que se sienten en la vida más profunda de la personalidad o la mentalidad - y en tal acción, impresionar en el subconsciente aquellas causas que pueden producir los efectos deseados.

Cuando se han impresionado estas causas y ha llegado el momento de obtener los resultados esperados, la voluntad debe retirarse para que la personalidad se vuelva lo suficientemente receptiva y pueda dar la expresión más completa y libre posible a la respuesta subconsciente. Si la impresión se ha realizado correctamente, la expresión subconsciente vendrá por sí misma en el momento designado; no obstante, cualquier intento de la voluntad por ayudar a traer esa expresión, interferirá con los resultados.

Cuando la expresión subconsciente deseada no aparece en el momento designado, la impresión no se ha realizado correctamente o la respuesta subconsciente está siendo prevenida por demasiada fuerza de voluntad activa, ansiedad o conmoción objetiva. El subconsciente no puede expresarse o hacer lo que está dirigido a hacer, a menos que la mentalidad y la personalidad externa estén en equilibrio; pero el equilibrio perfecto no es posible mientras la fuerza de voluntad se aplique sobre el lado externo de la mente o el cuerpo.

Se debe entrenar la voluntad a actuar sobre el subconsciente y solo sobre el subconsciente, y esto se logra fácilmente volviendo siempre la atención al subconsciente, cada vez que se emplee la voluntad. Cuando actúa sobre lo objetivo, la voluntad solo interfiere con las funciones normales y no puede lograr absolutamente nada. Para mover un músculo, la voluntad debe actuar sobre la vida subconsciente que impregna ese músculo; si actuara sobre el músculo mismo, el músculo se volvería rígido y el movimiento muscular sería imposible. Nadie puede hacer nada por estar objetivamente dispuesto a hacerlo; solo lo puede hacer causando que la voluntad actúe sobre esa parte del subconsciente que puede hacer lo que él quiere que se haga. Esta ley es absoluta en todas las acciones humanas, ya sean físicas o metafísicas, intelectuales o emocionales, mentales o espirituales.

Entrenar la voluntad a actuar solo sobre el subconsciente, aumentará el poder de la mente consciente para impresionar al subconsciente; la acción consciente no será dividida, actuando en parte sobre lo objetivo y en parte sobre lo subjetivo, sino que dará su poder y atención absolutamente a la idea que está siendo impresionada subconscientemente. Cuando la voluntad actúa solo sobre el subconsciente, no habrá fuerza de la voluntad en la mente externa o el cuerpo para perturbar las funciones normales de los sistemas; y cuando todo el sistema es normal, el subconsciente puede hacer fácilmente lo que se le pida.

La mente consciente debe emplear la voluntad únicamente con el propósito de impresionar y dirigir el subconsciente, pero debe dar al subconsciente libertad sin restricciones para tomar completa posesión de la personalidad, cuando se espera que aparezcan las expresiones desde adentro. Aquellos que dudan en dar libre paso a las expresiones subconscientes deben recordar que para mover un músculo el subconsciente debe tomar posesión completa de ese músculo y para pensar, el subconsciente debe ejercer un control completo de la facultad mental y, además, que el subconsciente solo hará lo que está dirigido a hacer.

Aunque la personalidad debe ser controlada completamente por el subconsciente, el subconsciente debe ser dirigido en todas sus acciones por la mente consciente; por lo tanto, el ser despierto continúa siendo el maestro.

CAPÍTULO 10

EL SUBCONSCIENTE PUEDE RESOLVER LOS PROBLEMAS

El subconsciente tiene el poder de resolver cualquier problema y encontrar la respuesta exacta a cualquier pregunta, en el momento designado por la mente consciente; de hecho, ningún problema es resuelto solo por la mente consciente; el subconsciente da el verdadero secreto en cada caso, aunque es la mente consciente la que hace la aplicación práctica.

Para obtener la ayuda directa y más completa del subconsciente cuando haya problemas que resolver, forma una idea clara y distintiva de lo que deseas saber, luego imprime esa idea en el subconsciente con un profundo y fuerte deseo por la información requerida. Ten una fe perfecta de que recibirás la respuesta y la recibirás.

Cuando tengas que hacer algo especial en un futuro cercano, algo que requiera más poder y brillantez mental de lo que normalmente posees, dirige al subconsciente que te dé el poder y la inteligencia adicional en el momento exacto. El subconsciente es exacto en cuanto al tiempo, y en el momento deseado producirá el poder y la inteligencia que sentías que necesitabas para el trabajo especial, cuando se hizo la impresión.

Ahora bien, no basta con imprimir en el subconsciente el deseo de más poder; la impresión debe contener una idea clara de cuánto poder se requiere y lo que se espera que haga el poder adicional.

Mientras se está impresionando el subconsciente para obtener más poder, la mente debe tratar de discernir y sentir la vida de más poder, y la cantidad de poder que se discierne mientras se hace la impresión, el subconsciente expresará en el momento fijado para la expresión.

Cada vez que se haga una impresión en el subconsciente, la mente consciente debe tratar de obtener la concepción más alta y más grande posible de la idea que se está impresionando; y cuanto más claramente la mente consciente discierna la amplitud, el valor y la superioridad de esa idea, cuanto más grande, más valiosa y superior será la expresión correspondiente que surja del interior.

Cuando la mente consciente puede ver claramente la cantidad de poder y brillantez mental requerida para la acción especial futura, e imprime esa idea en el subconsciente con el más profundo y más fuerte deseo de su realización, la impresión así hecha llamará la cantidad exacta de poder e inteligencia requeridos; y lo que sea que pida la impresión, el subconsciente lo suministrará.

La ley es que el subconsciente responderá con la calidad exacta y la cantidad exacta de lo que tú fuiste consciente, o que pudiste discernir mentalmente y sentir en el momento en que se hizo la impresión. Por lo tanto, es extremadamente importante elevar la mente consciente a los estados superiores y más grandes posibles de pensamiento y sentimiento, antes de intentar impresionar al subconsciente. De hecho, este es el verdadero secreto para que el subconsciente exprese una cantidad mayor y una calidad superior a la que recibimos antes en la vida tangible.

Vivir constantemente en el profundo sentimiento interior de mayor poder, mayor inteligencia, mayor valor personal y mayor brillantez mental, es llamar constantemente al subconsciente para que produzca estas cosas en una medida cada vez mayor, y el subconsciente invariablemente hará lo que sea llamado a hacer.

Si bien es cierto no debemos vivir en el futuro, en el sentido de que la mente resida completamente en el pensamiento del futuro, sin embargo, siempre debemos planear el futuro. Pone tus planes futuros en manos del subconsciente; impresiona en el subconsciente lo que deseas hacer mañana, la próxima semana, el próximo mes o incluso el próximo año; luego dirige el gran interior para que elabore los mejores planes y los mejores métodos posibles, y para que dé a tus facultades el entendimiento y el poder para llevar a cabo esos planes con el mayor éxito posible.

Cuando haya algo sobre lo que no puedas decidir, informa al subconsciente que se desea una decisión definitiva en tal o cual momento; impresiona de forma clara y profunda los hechos de todas las partes implicadas, sabiendo que el gran interior puede dar la decisión deseada en el momento indicado.

Cuando llegue ese momento, recibirás tu respuesta a través del sentimiento de un fuerte e irresistible deseo de tomar un curso en particular, y solo ese.

Mientras se espera la respuesta, no se debe sentir ansiedad, aunque llegue el último minuto antes de que aparezca algo definitivo; la mente que continúa en serenidad y fe recibirá la respuesta correcta antes de que sea demasiado tarde; pero la mente ansiosa, a través de la confusión producida por la ansiedad, evitará que el subconsciente exprese la información deseada.

Cuando aparecen dos decisiones antagónicas en el momento fijado, es porque no se le ha dado pleno paso a la expresión subconsciente. Una de estas decisiones será de la mente consciente que juzga de acuerdo con las apariencias; la otra será del subconsciente que juzga de acuerdo con los hechos, no obstante, puede parecer difícil discernir cuál es cuál. La decisión de la mente consciente a veces puede ser la más fuerte, pero otras veces la más débil, por lo tanto, los sentimientos más fuertes de uno en tales momentos no demostrarán ser una guía segura. Bajo estas circunstancias, el curso adecuado es volver a impresionar al subconsciente para una decisión inmediata y definitiva, y si la mente consciente se mantiene en silencio y con fe, la verdadera respuesta aparecerá en breve. Entonces sentirás un fuerte deseo de tomar solo un curso y perderás todo deseo de siquiera pensar en el otro, porque cuando la acción subconsciente tiene una expresión plena y libre, todo lo que sea antagónico a esa expresión dejará de existir.

Por lo tanto, es evidente que podemos eliminar por completo el error dirigiendo al subconsciente a expresar lo correcto y dando al subconsciente la libertad absoluta para hacer lo que se le ha dirigido a hacer.

CAPÍTULO 11

ASISTENCIA EN TODO MOMENTO

Se debe recurrir al subconsciente para que brinde asistencia directa en todo, incluso en los asuntos más insignificantes de la vida cotidiana. Esta práctica no solo permitirá que todas las cosas se hagan cada vez mejor, sino que la mente consciente estará más entrenada a impresionar al subconsciente para cualquier cosa deseada, y la mentalidad subconsciente se ampliará perpetuamente a lo largo de todas las líneas.

Ampliar la mentalidad subconsciente en cada fase de la acción interior es despertar una mayor medida del gran interior, y cuanto más se despierte el interior, más grande se volverá el individuo.

Por estas razones, se debe recurrir al subconsciente para obtener una ayuda superior antes de emprender cualquier cosa, incluso la más pequeña. Todo lo que es valioso, debe hacerse mejor que antes, y el subconsciente puede proporcionar el poder.

Las impresiones de esta naturaleza deben hacerse con algunas horas de anticipación o, cuando sea posible, con algunos días de anticipación; aunque el subconsciente puede responder en cualquier momento; por lo tanto, debe buscarse su poder superior en cada ocasión.

En el mundo comercial, nadie debería intentar decidir sobre transacciones importantes antes de dirigir al subconsciente para inspirar a la mente con la visión más elevada, el juicio más agudo y la comprensión más amplia. No se debería emprender ninguna gran empresa antes de dirigir al subconsciente para que desarrolle los mejores planes y métodos posibles.

El subconsciente puede hacer estas cosas y cuando todos los hombres prácticos acudan a la mente mayor para sus planes e ideas, en lugar de depender de la limitada inteligencia de la mente inferior, los fracasos se reducirán al mínimo, mientras que los grandes logros aumentarán constantemente, tanto en número como en grandeza.

Los que se dedican al trabajo literario encontrarán que el subconsciente es indispensable, porque cualquier idea deseada puede obtenerse del gran interior.

Los oradores y conferenciantes públicos nunca deben intentar preparar o pronunciar un discurso antes de acudir a esta gran fuente de ideas para sus pensamientos; y lo mismo es cierto para los compositores musicales, los artistas creativos, los inventores y todos los demás que requieren ideas que tienen originalidad y valor.

Toda persona que se encuentre dedicada al estudio, o a cualquier línea de mejora, puede aumentar los resultados de diez a doscientos por ciento asegurando la asistencia directa del subconsciente; y como todo avance y promoción en la vida proviene directamente de la mejora de sí mismo, el hecho de que el subconsciente puede suministrar cualquier cantidad de habilidad, capacidad y poder, se vuelve extremadamente importante.

Toda la memoria es subconsciente, por lo tanto, todo lo que uno desee recordar debe estar profundamente impreso en el subconsciente en el momento en que se recibe el hecho o la idea; y el subconsciente puede ser dirigido a recordar estos hechos e ideas cuando se desee su recuerdo.

A través de este simple proceso, la memoria puede ser desarrollada y cultivada en un grado notable y el poder de recordar cualquier cosa en cualquier momento será prácticamente perfecto.

El subconsciente puede entrenarse para mantener la mente consciente clara y activa, y puede eliminarse por completo todo letargo o torpeza de cada facultad. Esto permitirá al estudiante aprender con mucha mayor rapidez, y todo esfuerzo mental conducirá al crecimiento.

Para producir estos resultados, el subconsciente debe ser dirigido, varias veces al día, a expresar una continua claridad, lucidez mental y una actividad mental elevada y equilibrada. Mientras produces esa impresión, imagina en la mente consciente la misma claridad y acción que deseas que exprese el subconsciente.

Imaginar una lucidez perfecta y sentir una alta actividad en la mente consciente por unos momentos, mientras se impresiona el subconsciente, hará que el subconsciente exprese esa misma claridad y actividad durante varias horas; y cuando la impresión contiene un profundo deseo de mayor claridad y actividad que la mente consciente puede discernir, se expresará mayor claridad y actividad.

Es un hecho bien conocido que casi todas las grandes mentes, y también la mayoría de las mentes que están tratando de desarrollar la grandeza, tienen ciertos estados de ánimo cuando pueden hacer un trabajo excelente, pero cuando no están en esos estados de ánimo poco o nada de valor se puede lograr. Para tales mentes, la capacidad de crear los estados mentales o estados de ánimo correctos siempre que se desee tendría un valor excepcional, y esto se puede lograr fácilmente dirigiendo adecuadamente el subconsciente.

Forma en la mente consciente una idea muy clara del estado mental o estado de ánimo en el que puedes hacer tu mejor trabajo, e imprime esa idea en el subconsciente con un fuerte deseo de la realización continua de ese estado deseado. Repite la impresión varias veces al día, y todas las noches antes de irte a dormir. La perseverancia producirá los más notables resultados.

Cuando estés involucrado en un estudio en particular, imprime con frecuencia en el subconsciente la verdadera naturaleza de ese estudio y dirige al subconsciente para que exprese todos los elementos esenciales que puedan ser necesarios para comprender y dominar ese estudio. Espera una inteligencia superior desde adentro y haz el mejor uso posible de esa inteligencia a medida que la recibes. Así, la mente consciente y subconsciente trabajarán juntas para la promoción de los más altos logros concebibles.

Para promover el avance en la vocación de uno, constantemente se deben pedir mejores planes y métodos, y dirigir al subconsciente para que los trabaje según sea necesario; adicionalmente, el poder y la habilidad necesaria para aplicar esos métodos también pueden obtenerse si se solicita al subconsciente que los suministre.

La verdad es que cualquier cosa que el subconsciente esté debidamente impresionado y dirigido a hacer, definitivamente lo hará.

CAPÍTULO 12

GRANDEZA INTERNA

Para promover el más alto desarrollo de la mente y del alma es indispensable un carácter alegre. Cuanto más brillante, más feliz y más dulce sea el carácter, más fácil y más rápidamente se desarrollará cualquier talento; y es una verdad literal que un carácter alegre es para los talentos de la mente, lo que un día soleado es para las flores del campo.

Cada tipo de carácter proviene del subconsciente, sea dulce o lo contrario; sin embargo, lo indeseable puede ser eliminado por completo y se puede establecer permanentemente el carácter más dulce y brillante que se pueda imaginar, impresionando diariamente en el subconsciente tu idea más perfecta de una naturaleza dulce y plena.

A medida que se desarrolla la dulzura de la naturaleza humana, desaparecerán todos los sentimientos y disposiciones indeseables; por lo tanto, no se debe pensar en la eliminación de las características negativas, sino que toda la atención debe concentrarse en el desarrollo de lo bueno, lo dulce y lo bello.

Cuando haya una tendencia a sentirse malhumorado, dirige la atención hacia el lado más sutil de tu naturaleza - el subconsciente - y piensa profundamente, con fuerza y sentimiento en la alegría, el brillo, la amabilidad, la bondad, la dulzura y el encanto; trata de entrar en la vida misma de esos estados y siente que toda tu naturaleza está siendo recreada a imagen y semejanza de todo lo que es dulce y hermoso.

Permitirte a ti mismo sentirte malhumorado cada vez que haya una tendencia a sentirse de ese modo, es impresionar al subconsciente con ese estado mental, y el subconsciente responderá dando a tu naturaleza una tendencia más fuerte a sentirse malhumorado y fuera de sí a la menor provocación.

El primer indicio de malestar en cualquier forma o modo, debe ser contrarrestado inmediatamente dirigiendo al subconsciente para que exprese lo dulce, lo bueno y lo bello.

No solo es el privilegio de cada mente alcanzar la grandeza, sino que ninguna mente se hace justicia a sí misma si no está haciendo todo lo posible para desarrollar la grandeza; y ya que un carácter alegre es absolutamente necesario para el constante desarrollo de la capacidad, el talento y el genio, no se debe escatimar tiempo ni esfuerzo para recrear el subconsciente tan completamente, que cada parte de su vasto dominio sea impregnado totalmente con el más alto orden de dulzura humana y luz mental.

Para recrear la mentalidad subconsciente a semejanza de los ideales más elevados, cada impresión dada al subconsciente debe tener alma. Es la realización consciente del alma lo que da calidad, valor y superioridad a todo lo que aparece en la vida humana; la razón es que el alma es superioridad y todo lo que entra en contacto consciente con el alma gana superioridad.

Sentir el alma es sentir la vida de valor real, e imprimir ese sentimiento en el subconsciente hará que el subconsciente de valor real a cada parte de la personalidad.

El subconsciente debe ser dirigido diariamente para dar valor y superioridad a todo el ser; y esto efectivamente lo puede hacer.

El gran interior debe ser dirigido para trabajar por cosas más grandes, cuando cada impresión es grabada en el sentimiento del alma, cada impresión hará que el interior despliegue, desarrolle y dé expresión a cosas mayores.

Toda la grandeza proviene del despertar del gran interior; despertar el gran interior es sentir la grandeza y llenarse del poder que es la grandeza - el poder que invariablemente producirá grandeza.

La habilidad, el talento y el genio del más alto nivel inevitablemente deben seguir el desarrollo del gran interior; así también la mente fuerte, el carácter invencible y el alma hermosa.

Cada facultad aumenta en poder, capacidad y cualidad a medida que se desarrolla su lado subconsciente, y este lado subconsciente se puede desarrollar concentrando la atención en la esencia interior y más fina de esa facultad, mientras se sostiene en la mente la idea o concepción más perfecta de esa facultad.

El desarrollo del lado subconsciente de toda la personalidad aumentará el poder de atracción de la personalidad, el poder que atrae tanto directa como indirectamente todo lo que la mente puede desear.

Este poder es el resultado de la acción subconsciente y, por lo tanto, aumenta tanto en volumen como en atracción natural, a medida que se despierta una mayor medida del interior.

Existen muchas personalidades que son fuertes pero que no atraen, mientras que hay muchas otras que carecen de poder pero que son muy atractivas en relación al poder que poseen. La causa de la primera condición es una vida subconsciente despierta que no recibe una expresión ordenada y libre; la causa de la segunda condición, es una vida subconsciente limitada que no es perturbada ni obstaculizada en su expresión.

Incrementar constantemente la acción subconsciente y dar a esa acción una expresión equilibrada, hará que la personalidad se vuelva prácticamente irresistible en su poder de atracción.

El poder de atracción del subconsciente reside en su capacidad, no solo de otorgar un extraordinario poder a la personalidad, sino también para producir ideas que atraen, planes que atraen, métodos y sistemas que atraen.

No son solo las ideas, sino la manera en que se organizan, lo que determina los resultados. No solo es el trabajo de alta calidad, sino la manera en que ese trabajo es presentado, lo que determina la medida del éxito. Las mejores ideas pueden ser completamente ignoradas por el mundo, y el mejor trabajo puede ser abandonado por falta de apreciación, la culpa es de la vida subconsciente que se expresa a través de esas ideas o trabajos.

Dirige al subconsciente no solo para que te dé las mejores ideas, los mejores planes y los mejores métodos, sino también para que dé la expresión adecuada a esas ideas y métodos. Cuando la expresión sea adecuada, la atención del mundo será atraída; tus ideas serán comprendidas, el valor real de tu trabajo será apreciado y estará en constante demanda.

El subconsciente puede elaborar las mejores ideas y crear la mejor expresión de esas ideas; puede dar el poder y la capacidad para hacer cosas grandiosas y puede darle a tu trabajo ese algo misterioso que atraerá tanto la atención como la apreciación del mundo.

Por lo tanto, el subconsciente en cada mente debe ser dirigido a hacer estas cosas, porque ninguna persona es justa consigo misma, si no hace el mejor uso de todo lo que existe en su naturaleza.

Cuando el subconsciente es dirigido así, dará un poder de atracción natural a todas las corrientes de pensamiento más finas, a su vez, éstas transmitirán las mismas cualidades a cada parte de la mentalidad y la personalidad, lo cual hará que todo lo que el individuo es y todo lo que hace esté estampado con ese algo que atrae la atención y comanda aprecio, en consecuencia, sus deseos se volverán infalibles.

Los deseos de tal mente tendrán el poder de crear su propio camino hacia su propia meta, no importa cuán elevada sea esa meta. El poder del subconsciente es ilimitado, por lo tanto, nada se hace imposible cuando despertamos el gran interior.

Todos los deseos deben hacerse subconscientes, y cuando esos deseos son continuamente expresados con el sentimiento más profundo y el deseo más fuerte que posiblemente puedas despertar, ciertamente recibirás lo que deseas. Si no llega a través de un canal, llegará a través de otro, pero vendrá, porque el subconsciente tiene el poder de hacer lo que se le indique.

Desear subconscientemente algo es hacerse lo suficientemente fuerte y capaz de mandar, crear o atraer ese algo.

Haz que tus deseos sean subconscientes y el subconsciente te hará merecedor de lo que deseas; el deseo subconsciente despertará en ti la misma cualidad y valor que existe en aquello que deseas y, como lo semejante atrae lo semejante, invariablemente obtendrás lo que deseas cuando te vuelvas igual a aquello que deseas.

El deseo subconsciente de abundancia desarrollará en ti mismo el poder de ganar y crear abundancia; aumentará tu capacidad de ganancia y, tanto directa como indirectamente, cambiará tu personalidad para que seas naturalmente atraído hacia entornos y asociaciones donde puedes hacer el mejor uso posible de ese aumento de capacidad.

El subconsciente, al ser ilimitado, puede elaborar ideas y planes que puedes utilizar en tu posición actual para promover tu deseo de una mejor posición; el subconsciente, si es dirigido, encontrará un camino, especialmente si el deseo es muy profundo y muy fuerte; y así también recibirás el poder y la capacidad de hacer lo que se requiera.

Por lo tanto, es evidente que cualesquiera que sean hoy las condiciones o las circunstancias de una persona, el subconsciente puede abrir la puerta hacia algo mejor, y sin duda lo hará, siempre que exista un fuerte deseo subconsciente de algo mejor.

CAPÍTULO 13

SALUD PERFECTA

Despertar el gran interior es despertar a un universo de logros más elevados, mayores éxitos y posibilidades más allá de lo que jamás se haya soñado antes; es entrar en ese mundo en el que se concederán todos los deseos, se realizará cada aspiración y se cumplirá cada ideal.

Para promover este despertar, dirige al subconsciente para dar lo mejor de sí a cada pensamiento y cada acción, y cuando se haya recibido lo mejor, dirige al subconsciente para que produzca algo aún mejor. Puede hacerlo, el subconsciente puede hacer cualquier cosa que deseamos que haga.

Toda condición que aparece en el cuerpo, sea favorable o adversa, proviene directa o indirectamente del subconsciente; es decir, puede ser el efecto directo de una causa subconsciente correspondiente, o puede ser el efecto de causas externas a las que se les permitió actuar sobre el cuerpo porque la verdadera expresión subconsciente estaba ausente.

Ninguna causa externa puede producir enfermedad en el cuerpo mientras el subconsciente esté dando una completa expresión a la salud perfecta; y ningún agente curativo desde el exterior puede restaurar la salud en el cuerpo, mientras el subconsciente esté dando expresión a condiciones de enfermedad.

La mayoría de los males físicos pueden ser curados por la naturaleza cuando el subconsciente deja de expresar condiciones debilitantes y productoras de enfermedades, y todas las enfermedades pueden eliminarse de forma permanente entrenando al subconsciente para que dé una expresión plena y constante de salud.

Las condiciones personales y físicas son los efectos; son causados directa o indirectamente por el subconsciente; por lo tanto, cualquier condición deseada en la personalidad puede ser producida a través de la adecuada dirección del subconsciente.

Para dirigir al subconsciente para que produzca salud perfecta, lo primero es obtener un reconocimiento consciente y claro del estado de salud perfecta, y lo segundo es impregnar al subconsciente con este reconocimiento.

La mente subconsciente es un estado más profundo y más fino de la vida mental que existe dentro de cada átomo del sistema humano; es otro mundo mental, por así decirlo, y es tan inmenso que la mente consciente común es insignificante en comparación. Sin embargo, obedece perfectamente las direcciones de la mente consciente y, al tener un poder ilimitado en cada parte del cuerpo, puede eliminar fácilmente cualquier enfermedad cuando se le indica que lo haga.

Para impresionar al subconsciente, la atención debe concentrarse en este mundo mental superior, y todo el pensamiento debe ser gradualmente refinado hasta que uno pueda sentir que el pensamiento consciente ha sido completamente transformado en la finura espiritual del pensamiento subconsciente.

El subconsciente puede alcanzarse más directamente concentrándose en el centro cerebral, aunque la atención no debe fijarse en el cerebro físico, sino en esa vida mental más fina que impregna el cerebro físico.

Todas las instrucciones generales dadas al subconsciente deben darse a través del centro cerebral, pero para la sanación de las dolencias físicas, la atención debe concentrarse en la mentalidad subconsciente que permea el órgano, músculo o nervio donde se encuentra la dolencia.

Impresionar el reconocimiento consciente de salud en la vida subconsciente de cualquier parte del cuerpo, hará que el subconsciente lleve a esa parte del cuerpo la misma condición de salud que la mente consciente reconoció mientras se hacía la impresión;

por lo tanto, es necesario alcanzar el reconocimiento consciente más alto posible del estado real de salud perfecta, antes de que el subconsciente sea dirigido a producir salud.

Mientras el subconsciente está siendo impresionado con salud perfecta no se debe formar en la mente ningún pensamiento de enfermedad; tampoco uno debe pensar en el cuerpo. Pensar en el cuerpo es formar concepciones mentales de la forma en que ahora se sienten las condiciones físicas, y si estas condiciones son indeseables, ingresarán al subconsciente impresiones indeseables, a lo cual seguirá la formación de más condiciones indeseables en un futuro próximo.

La imperfección de las condiciones físicas nunca debe entrar en la mente en ningún momento, ya que es probable que dichas condiciones se sientan profundamente y todo lo que se siente profundamente se imprimirá en el subconsciente, ya sea que lo deseemos o no. Tampoco debe haber ningún deseo de eliminar o superar lo que puede parecer indeseable. Desear eliminar el mal es pensar profundamente en el mal, porque todos los deseos tienden a profundizar las acciones del pensamiento, entonces pensar profundamente en el mal es impresionar el mal en el subconsciente. Es sembrar maleza en los campos de la mente y se cosechará según su especie.

Todo pensamiento debe estar animado con la conciencia de esa perfección en salud e integridad que deseamos realizar en la expresión, y todo sentimiento debe ser entrenado para sentir la salud, la vida y la armonía que el subconsciente está dirigido a producir.

Vivir conscientemente a través de la mentalidad subconsciente más fina durante algunos momentos, varias veces al día, e impresionar profundamente el reconocimiento más perfecto de la salud en toda la mentalidad subconsciente, hará que el subconsciente dé una expresión plena y constante de la salud.

El resultado será una salud perpetua, sin un momento de ninguna forma de enfermedad; y si la mente consciente impresiona diariamente en el subconsciente un reconocimiento cada vez más perfecto de salud absoluta, el subconsciente mejorará constantemente la calidad de la salud que está siendo expresada.

Para eliminar una dolencia local, la mentalidad subconsciente que impregna esa parte del cuerpo, debe ser impresionada con el sentimiento consciente de la salud que se desea.

Concéntrate en la vida mental más fina en esa parte del cuerpo donde aparece la condición adversa y siente la realidad de una salud perfecta. No te concentres en el órgano físico, ni siquiera pienses en el órgano físico, sino que mentalmente entra en la vida subconsciente interior de ese órgano y, mientras te encuentras en ese estado, siente el espíritu de la salud perfecta con toda la profundidad de la mente y el alma. Lo que sientes mientras estás en ese estado, impresionas en el subconsciente, por lo tanto, el subconsciente hará que la salud perfecta se exprese a través de cada átomo de ese órgano.

Para eliminar una enfermedad crónica, impresiona la salud perfecta en el subconsciente como un todo, concentrándote en la mentalidad subconsciente dentro del centro cerebral. Además, concéntrate frecuentemente en el lado subconsciente de toda la personalidad, sintiendo el estado de salud perfecta en la vida subconsciente de cada parte del sistema.

Si ciertas partes del cuerpo están especialmente afectadas, impresiona esas partes de la misma manera que para una dolencia local, aunque se debe prestar particular atención, no tanto a aquellas partes del cuerpo que sienten los efectos de la dolencia, sino a esas partes donde la condición adversa tiene su origen.

Antes de impresionar el subconsciente, todo el sistema debe estar lo más tranquilo y pacífico posible, y las direcciones principales deben darse al subconsciente inmediatamente antes de irse a dormir. Sin embargo, lo más importante de todo, es vivir, pensar y actuar con la absoluta fe de que el subconsciente puede y hará lo que se le indique.

CAPÍTULO 14

PREPARARSE ANTES DE DORMIR

Durante el estado de vigilia el ego consciente actúa directamente sobre la mente consciente o despierta, mientras que durante el sueño actúa completamente en el subconsciente.

Cuando nos vamos a dormir, todos los principales pensamientos, deseos, intenciones, tendencias, sentimientos e ideas que se han formado durante el día, son llevados al subconsciente, a menos que eliminemos el material mental indeseable antes de permitir que se produzca el sueño.

Cada pensamiento, deseo, idea que se lleva al subconsciente mientras la mente se duerme, se imprimirá en el subconsciente y hará que las expresiones correspondientes sean llevadas a la personalidad.

Por lo tanto, eliminar de la mente todos los pensamientos y sentimientos indeseables antes de ir a dormir es extremadamente importante.

Antes de irse a dormir, la mente consciente debe estar completamente limpia de todo aquello que uno no quiere reproducir o perpetuar, y se le deben dar direcciones definidas al subconsciente en cuanto a lo que debe ser desarrollado, reproducido y expresado.

Las horas de sueño pueden emplearse en el desarrollo de cualquier cosa que tengamos en vista, porque todo lo que impresionamos en la mente cuando vamos a dormir entrará en el subconsciente y hará que el interior exprese aquellos efectos que deseamos asegurar en el exterior.

Antes de dormir, el subconsciente debe recibir instrucciones completas sobre lo que se hará en un futuro próximo y, en la medida de lo posible, debe especificarse el tiempo exacto para cada acción particular. Mientras tanto, el subconsciente elaborará los mejores planes, métodos e ideas y proporcionará la comprensión adicional, el conocimiento y el poder necesarios para aplicar esos planes de la manera más efectiva.

Cuando el subconsciente se dirige correctamente de esta manera, los resultados de las acciones futuras pueden incrementarse en un grado que frecuentemente será notable y, como lo mucho produce más, estos resultados seguirán la ley del aumento perpetuo.

Durante el estado de vigilia, la mente forma una concepción definida de todo lo que recibe atención real y consciente; estas concepciones se individualizan en ideas y cuando la mente se va a dormir, todas esas ideas son llevadas al subconsciente.

Por lo tanto, lo que se le da al subconsciente para trabajar y desarrollar durante el sueño dependerá de lo que pensemos durante el día, y lo que le damos al subconsciente para desarrollar y expresar determinará cuál será el carácter, la mentalidad y la personalidad. El subconsciente nos hace lo que somos, en todos los aspectos, pero lo que el subconsciente hará, depende de lo que dirijan nuestros pensamientos, sentimientos y deseos.

Cuanto más pensemos durante el día, siempre que nuestro pensamiento sea de calidad, más buenas semillas colocaremos en el jardín de la mente durante el sueño, y mayor será la calidad y la cantidad de la próxima cosecha.

Cuanto más fuertes sean nuestros deseos de sabiduría, poder, logros y éxitos durante el estado de vigilia, más completamente trabajará el subconsciente para esas cosas durante el sueño.

El subconsciente puede proporcionar todos los elementos esenciales necesarios para los logros más elevados y los éxitos más grandes, y lo hará si se le indica.

El subconsciente trabaja durante el sueño, y trabaja para desarrollar las ideas y los deseos que la mente consciente trajo al subconsciente al dormirse, no obstante, el subconsciente dará la misma atención a las ideas y los deseos que son perjudiciales, al igual que un suelo fértil aplicará la misma productividad a la maleza que a la flor.

Por esta razón, es sabio sembrar solamente buenas semillas; eliminar todos los pensamientos, ideas y sentimientos indeseables antes de empezar a dormir.

El hábito de ir a dormir cada noche con todo tipo de pensamientos en la mente es la principal causa de la continua mezcla de bien y mal en la vida de la persona promedio. Los problemas y las preocupaciones del día son llevadas al subconsciente por la noche, junto con los pensamientos y sentimientos que tienen mejores cosas en vista y, en consecuencia, el subconsciente continúa trabajando por más cosas buenas por un lado y por más problemas y preocupaciones por el otro.

La verdad es que cualquier persona puede emanciparse por completo de todos los males de la vida pervertida, negándose absolutamente a permitir que un solo pensamiento, sentimiento o deseo indeseable entre en el subconsciente.

Para evitar que el mal ingrese en el subconsciente, nunca debemos pensar con sentimiento en lo que es malo, imperfecto o incorrecto durante el estado de vigilia, y antes de dormir, la mente consciente debe limpiarse completamente de cualquier pensamiento o impresión indeseable que pueda haber ingresado inconscientemente durante el día.

Lo imperfecto no se impresionará sobre el subconsciente durante el estado de vigilia, a menos que pensemos en ello con un sentimiento profundo, sin embargo, todo lo que está en la mente consciente cuando nos vamos a dormir entrará en el subconsciente y producirá frutos según su especie.

Para limpiar la mente consciente antes de dormir, entra en un estado de perfecto equilibrio mental; quédate quieto en el sentido más profundo del término; olvida lo que no deseas retener entrando en la vida y esencia misma de aquello que deseas despertar, desplegar y desarrollar. Luego concéntrate en el subconsciente con el sentimiento más profundo y el deseo más fuerte posibles.

Lo que deseas eliminar de la mente puede ser removido dirigiendo al subconsciente a crear y expresar lo contrario, y no dando ningún pensamiento a aquello que no se quiere retener. Cuando sepas lo que deseas eliminar, olvídalo y da toda tu atención subconsciente a lo que deseas crear y realizar en su lugar.

No obstante, llevar al subconsciente las ideas que deseamos desarrollar cuando nos vamos a dormir, no es lo único que se requiere, sino que, además, el subconsciente debe tener las mejores condiciones posibles para trabajar.

El subconsciente está en estrecho contacto con todas las funciones del cuerpo y las acciones de la mente, por lo tanto, todo el sistema debe estar en orden y armonía antes de que comience el sueño, o la acción subconsciente será confusa y mal dirigida.

Antes de dormir, el cuerpo debe estar en armonía, la mente en paz y toda la personalidad debe estar relajada. La circulación debe ser uniforme y ninguna parte debe estar ni demasiado acalorada ni demasiado fría. La digestión debe estar prácticamente terminada y no debe haber nada en el sistema que pueda alterar ninguna de las funciones durante el sueño.

Cuando las funciones físicas son perturbadas durante el sueño, el ego consciente vuelve a la mente externa, ya sea en su totalidad o en parte, y se interrumpe su trabajo en el subconsciente. Tales interrupciones usualmente dirigen erróneamente las acciones subconscientes a tal punto que pueden producir los resultados opuestos a lo que se pretendía.

Esto explica por qué frecuentemente se obtienen resultados tan perjudiciales, incluso cuando nuestras intenciones eran las mejores y nuestros planes se llevaron a cabo con el mayor cuidado. También demuestra que todo el sistema debe mantenerse en orden para que cada acción, consciente o subconsciente, produzca los resultados deseados.

CAPÍTULO 15

MENTE LIMPIA Y CLARA

Cuando el ego consciente, que eres tú mismo, entra en el subconsciente durante el sueño, hay dos objetivos en vista. El primer objetivo es llevar al subconsciente las nuevas ideas que se han formado durante el día, y el segundo objetivo es recargar el sistema con vida, poder y energía.

El subconsciente suministra la vida y la energía que se requiere para perpetuar la existencia de la mentalidad y la personalidad, pero para recibir esta energía, el ego consciente debe ingresar al subconsciente y permanecer allí, ininterrumpidamente, durante seis o siete horas cada veinticuatro horas, para asegurar la medida completa de poder.

Cuando se interrumpe el sueño, la personalidad no recibe la vida necesaria para mantener el sistema en la acción más completa y perfecta; por lo tanto, el trabajo personal se vuelve inferior.

Cuando se proporcionan todas las condiciones para recuperar y recargar correctamente el sistema durante el sueño, y se dirige al subconsciente para aumentar constantemente el suministro de poder, la personalidad se vuelve más fuerte y más vigorosa de año en año; en lugar de bajar a la debilidad y la vejez; la personalidad adquirirá una mayor fuerza, mayor capacidad, mayor habilidad y mayor poder cuanto más tiempo viva.

Ir a dormir adecuadamente es despertarse sintiéndose renovado, pero dormir con todo tipo de impresiones en la mente y todo tipo de condiciones en el cuerpo, es despertarse sintiéndose atontado y deprimido.

Entrar en el subconsciente con impresiones adversas es volver a la conciencia con condiciones similares. Las causas similares siempre producen efectos similares.

Para ayudar a la mente a purificarse antes de irse a dormir, debes concentrar la atención en la pureza más pura y en el valor más alto que puedas imaginar, y para poner todo el sistema en un estado de paz, concentra el pensamiento de paz en el centro cerebral mientras suavemente atraes todas las fuerzas mentales más finas hacia ese centro. Pensar con sentimiento en las fuerzas mentales más finas durante este proceso producirá resultados inmediatos.

La práctica de "consultar con la almohada" los problemas difíciles antes de tomar decisiones definitivas es una práctica de gran valor, especialmente cuando el subconsciente es dirigido adecuadamente al asunto, porque el subconsciente puede "dar vuelta" a las cosas más completamente durante el sueño que durante el estado de vigilia. Para obtener los mejores resultados, mantén en la mente de forma clara y serena todos los elementos involucrados en el problema justo cuando vas a dormir, y desea profundamente, pero sin ansiedad, recibir la respuesta correcta al despertar.

Cuanto mayor y más clara sea la concepción que se forme del problema durante el estado de vigilia, más fácilmente podrá resolverlo el subconsciente durante el sueño. Lo mismo ocurre con las diversas ideas que se forman durante el día y se llevan al gran interior, ya sea durante el sueño o durante los estados de vigilia con sentimientos profundos.

Por lo tanto, es extremadamente importante formar la más alta concepción posible de todo lo que pensamos durante el día, y todo lo que atraiga nuestra atención debe ser considerado desde el punto de vista más elevado. Vive en el piso superior de la mente y concede alma a todos tus pensamientos; así formarás ideas con real calidad y valor, y como esas ideas son llevadas al subconsciente durante el sueño, harán que se desarrolle en ti una mayor calidad y un mayor valor.

Ninguna persona puede permitirse adoptar una visión banal sobre ninguna cosa, ni permitir el pensamiento de abatimiento en ningún momento; hacerlo es colocar semillas inferiores en el jardín de la mente.

Hay días en que la persona promedio siente como si no lograra prácticamente nada; su personalidad carece de energía y su mente está apagada, torpe y confusa. La causa es el pensamiento superficial y abatido uno o dos días antes. Si das ideas inferiores al subconsciente, en un futuro próximo el subconsciente no solo hará que te sientas inferior e incompetente, sino que tu mente será colocada temporalmente en un estado en el que realmente se vuelve inferior e incompetente.

Para producir ideas valiosas no es necesario continuar siempre en estados mentales profundos o serios; el pensamiento de valor es el pensamiento que la mente crea mientras la atención reside en el alma y la vida de calidad, y mientras la conciencia está totalmente impregnada con el deseo de realizar alma y calidad en todo. Tal pensamiento puede ser llevado en todo pensamiento y en toda la vida, incluso en todo placer.

Intentar disfrutar de los placeres mientras la mente se desliza sobre la superficie de la vida y el pensamiento es fallar en recibir la alegría que alegra o la satisfacción que satisface; pero cuando se entra en los placeres con el sentimiento de calidad y la vida más fina, incluso las alegrías más simples se convierten en fuentes de alegría suprema.

Todo lo que disfrutamos a fondo lo imprimimos en el subconsciente; por lo tanto, entrar en el placer mientras la mente está en una actitud rebajada o inferior es un error que debe evitarse bajo cualquier circunstancia. No obstante, nuestros placeres pueden utilizarse como canales a través de los cuales se puede impresionar y dirigir al subconsciente a lo largo de líneas de logros superiores. Los placeres que se emplean de esta manera, invariablemente proporcionarán la alegría más grande, más satisfactoria y más completa de todas las alegrías.

CAPÍTULO 16

EL SUEÑO

La personalidad humana entera se está renovando constantemente; no hay nada en la mente o el cuerpo que pueda envejecer, excepto la apariencia, y la apariencia de la edad es causada por un proceso subconsciente equivocado.

El proceso de renovación perpetua es llevado a cabo por el subconsciente, pero es lo que la mente consciente le da al subconsciente lo que determina tanto la calidad como la apariencia de la personalidad.

Dar constantemente al subconsciente mejores ideas, mejores deseos, mejores pensamientos y mejores estados mentales es hacer que la mejora del carácter, de la mentalidad y de la personalidad sean perpetuas.

Para proporcionar un mejor material para el subconsciente, antes de ir a dormir, la mente consciente debe eliminar todas las ideas, pensamientos y deseos que no tengan calidad y valor; y durante el estado de vigilia se debe hacer todo el esfuerzo posible para formar las ideas más elevadas posibles en cada asunto con el que la mente pueda entrar en contacto.

Nunca te vayas a dormir desanimado, ni con el pensamiento de fracaso en la mente. Temer el fracaso mientras te vas a dormir es impresionar al subconsciente con la idea de fracaso, y el subconsciente responderá produciendo condiciones de fallas en el sistema; en consecuencia, el sistema dejará de hacer lo mejor y perderá cada vez más terreno, hasta que se produzca un verdadero fracaso.

Ir a dormir desanimado, decepcionado, preocupado o deprimido, es impresionar al subconsciente con tendencias debilitantes; esto hará que el subconsciente exprese condiciones de debilidad en cada facultad y en cada parte de la mente o cuerpo.

La tendencia descendente en cualquier carrera se origina invariablemente en estados subconscientes deprimidos, la mayoría de los cuales son llevados al subconsciente cuando la mente se duerme.

Toda tendencia hacia arriba y hacia adelante, hacia logros más elevados y éxitos más grandes, se origina en estados subconscientes constructivos, y cualquiera puede producir tales estados a voluntad.

Al irse a dormir con ideas fuertes y claras de salud, armonía, poder, avance y éxito, claramente sostenidas en la mente, se formarán las causas de esas cosas en el subconsciente y los efectos invariablemente aparecerán en la vida externa. Tu salud comenzará a mejorar de inmediato; aparecerá más poder en la mente y el cuerpo; aumentará tu capacidad; todos tus talentos y facultades estarán llenos del espíritu del éxito y, en consecuencia, harás un trabajo mucho mejor que antes.

Continuar, durante semanas y meses, la práctica de dar ideas superiores al subconsciente al irse a dormir, hará que el carácter, la mentalidad y la personalidad mejoren en tal medida que, en comparación con tu ser anterior, realmente te convertirás en un ser superior.

Cuando el subconsciente recibe algo especial para hacer cada noche, el sueño será más reparador; el subconsciente siempre trabaja durante el sueño, pero trabajará más ordenadamente cuando se le da algo definido que hacer.

Después de que el subconsciente ha sido debidamente dirigido, no se debe sentir ninguna ansiedad en cuanto a los resultados; una perfecta fe en la ley, con esa tranquila seguridad que sabe, dará a la ley las condiciones adecuadas a través de las cuales se pueden producir los resultados deseados.

Cuando nos dormimos en estados de discordia, el material mental se vuelve confuso y se producen formaciones mentales incoherentes; éstas a veces son recordadas como sueños desagradables. Todas estas formaciones son producidas por la confusión entre las energías creativas subconscientes e indican que no se ha ingresado completamente en el verdadero estado de sueño, así también que el subconsciente no fue debidamente impresionado la noche anterior.

Los sueños ordenados y coherentes pueden indicar qué tendencias están actuando en el subconsciente y si se están formando condiciones deseables o no deseables, porque un sueño es siempre una memoria parcial de lo que está ocurriendo en el subconsciente. Al notar este hecho, las condiciones indeseables pueden ser contrarrestadas y eliminadas antes de que avancen lo suficiente como para producir resultados tangibles.

Un sueño indeseable siempre debe ser contrarrestado de inmediato, impresionando en el subconsciente las condiciones y cualidades opuestas y deseables; por otra parte, las tendencias que se indican en los buenos sueños, deben recibir un poder adicional. Esto puede hacerse dirigiendo al subconsciente para que trabaje más a fondo en la promoción del bien mayor a mano.

Todo buen sueño es una profecía; es decir, indica lo que el subconsciente puede hacer, lo que está listo para hacer o lo que está por hacer en ciertas líneas, y esta profecía puede hacerse realidad dirigiendo al subconsciente para que proceda a seguir esas líneas con mayor poder y determinación que antes. Estas instrucciones deben darse al subconsciente con la mayor frecuencia posible durante el estado de vigilia, así como antes de irse a dormir.

Toda indicación deseable entre las fuerzas de vida internas mayores, ya sea que se descubra a través de los sueños o la intuición, deben aprovecharse de inmediato, y todas las fuerzas de la mente deben concentrarse sobre el objetivo que la visión ha puesto a su alcance; un exitoso final será invariablemente el resultado; el sueño se hará realidad, la profecía se cumplirá, el ideal se realizará.

CAPÍTULO 17

INDICACIONES FINALES

La mente subconsciente no es una segunda mente; pensar así es colocar una barrera artificial entre la persona exterior y el ilimitado interior. Existe una sola mente; la fase externa es el consciente o lo objetivo; la fase interna es el subconsciente o lo subjetivo. El subconsciente está dentro del consciente y siendo ilimitado tanto en poder como en posibilidades, apropiadamente se denomina el gran interior.

Despertar el gran interior es poner en acción los poderes y las posibilidades que están latentes en el subconsciente y, ya que los poderes del interior son ilimitados y sus posibilidades son infinitas, este despertar puede promoverse indefinidamente, aumentando sin fin el valor y la grandeza del individuo.

El despertar del gran interior se promueve directamente a través de un perpetuo aumento de la acción consciente sobre el subconsciente y, el poder de la mente consciente para actuar sobre el subconsciente aumentará en proporción al uso práctico que se haga de cada expresión agregada que aparezca desde el interior.

El hecho de que lo interno es ilimitado, y el hecho de que la grandeza del interior puede manifestarse cada vez más a través de la acción adecuada de la mente consciente sobre el subconsciente, demuestra de manera concluyente que cada persona puede llegar a ser tan grandiosa como desee ser y que su habilidad, su talento y su genio puedan desarrollarse, no solo a un grado más notable, sino en cualquier grado.

Individualmente, cada persona es lo que consciente o inconscientemente ha dirigido al subconsciente para que produzca, y seguirá siendo lo que es mientras no dirija al subconsciente para que produzca más; pero puede llegar a ser más, tanto como pueda imaginar en su aspiración más alta, despertando el gran interior.

Para entrenar a la mente consciente para que actúe sobre el subconsciente con la mayor eficacia es necesario tener una idea clara de cómo las dos fases de la mente están relacionadas entre sí, y esta idea se comprende fácilmente cuando nos damos cuenta de que la mente es un inmenso mar de fuerzas del alma, todas las cuales se mueven en círculos y espirales. El ego consciente actúa sobre la circunferencia de cada círculo durante el estado de vigilia, por lo que la suma total de todas las circunferencias de todos los círculos mentales, puede denominarse mente externa, mente objetiva, mente consciente, mente despierta. Durante el sueño, el ego consciente se retira de la circunferencia de los círculos mentales y entra en el campo mental interno, es decir, el subconsciente.

Cuando la mente está en un estado de sentimiento profundo, el ego consciente actúa en parte sobre el lado consciente de la mente y en parte sobre el subconsciente; por lo tanto, mientras se encuentra en ese estado es posible impresionar en el subconsciente lo que pensamos o sentimos en el consciente. Para obtener mejores y mayores resultados de cada acción mental, el ego consciente, durante el estado de vigilia, debe actuar constantemente tanto sobre el consciente como sobre el subconsciente. Estar en contacto constante con los poderes ilimitados del interior aumentará notablemente la capacidad y la calidad de las facultades que se pueden utilizar, y cada deseo consciente entrará en el subconsciente de inmediato, de modo que se puede asegurar una respuesta inmediata, si es necesario.

La mente fuerte es la mente que está en un contacto tan estrecho con el gran interior que los poderes ilimitados del interior se pueden sentir en cualquier momento.

La capacidad de tal mente será prácticamente ilimitada; el cansancio estará ausente; la brillantez mental estará siempre en aumento, y en lugar de disminuir con los años - como lo hace la mente promedio- tal mente avanzará constantemente hacia logros más elevados y mayores éxitos cuanto más tiempo viva la persona.

La mente que tiene claridad mental en todo momento y en cualquier circunstancia, está en perfecto contacto con el subconsciente. De hecho, si el subconsciente se impresiona todos los días, o mejor aún, varias veces al día, para guiar a la mente externa de manera tan perfecta que siempre se tome el paso correcto en el momento correcto, la mente consciente sabrá intuitivamente qué hacer para obtener los mejores resultados en cada circunstancia, acción o evento.

Cuando se reconocen los poderes del subconsciente las ideas de uno se vuelven mucho más elevadas que antes y hay una tendencia a formar ideales que no pueden ser realizados con los estados actuales de desarrollo; pero, ya que la dirección correcta del subconsciente puede promover el desarrollo en cualquier grado que se desee, no es justo contentarse con lo inferior mientras lo más grande esté a la vista. No obstante, no se debe entretener ningún deseo que no pueda cumplirse a través de la completa aplicación de la capacidad actual, ni tampoco las demandas presentes deben ir más allá de lo que se sabe que es la capacidad presente.

El curso correcto es primero aumentar la capacidad, luego desear aquello que la capacidad incrementada tiene el poder de cumplir.

La mente pequeña no debe desear la realización de ideales que solo la mente grandiosa puede hacer realidad; tal curso sería una pérdida de tiempo; sería instruirse a sí mismo para desear lo que no se puede obtener, mientras no hace nada para aumentar su poder de tal manera que el objeto en vista podría ser asegurado fácilmente.

El subconsciente puede hacer grandiosa a la mente pequeña, tan grandiosa como sea necesario para realizar cualquier ideal, pero la grandeza no proviene de soñar con el ideal, ni de concentrarse en aquello que está más allá de nuestra capacidad actual de producir.

Desarrolla la grandeza despertando el gran interior y se obtendrá ese poder que puede producir cualquier cosa y realizar cualquier cosa.

El desarrollo es gradual y no consiste simplemente en el despliegue de un poder y una capacidad agregados, sino también en el pleno uso tangible de ese poder y esa capacidad.

Para proceder de manera ordenada hacia la grandeza, dirige al subconsciente para que exprese lo que pueda ser necesario para dar el siguiente paso; concentra todas las fuerzas de la mente en ese paso y no disperses la mente sobre reinos y esferas que están más allá de ese paso; haz ahora lo que estás haciendo ahora y quédate satisfecho de realizar lo que puede realizarse ahora.

Continúa con el segundo paso de la misma manera y, asimismo, con los innumerables pasos que han de seguir.

Este es el verdadero progreso; es concentrar toda la atención en el avance presente, y no hay otro avance. Para seguir adelante debemos avanzar en el presente y solo en el presente. El propósito es avanzar ahora y quien continúa avanzando ahora, alcanzará cualquier meta que pueda tener en vista.

Por lo tanto, el subconsciente debe ser dirigido para volver todos sus poderes superiores hacia el movimiento de avance presente y debe ser impresionado diariamente para desear, no los ideales del futuro distante, sino de los ideales que se pueden realizar hoy.

No obstante, este movimiento de avance no debe limitarse a una sola fase de la existencia; todas las cosas en la naturaleza física, metafísica y espiritual del ser deben desarrollarse simultánea y perpetuamente.

La grandeza de todo lo que hay en el ser humano es lo que le da la verdadera grandeza, y el perpetuo despertar del gran interior producirá esta grandeza, porque para los poderes y las posibilidades del gran interior no hay límite, ni hay fin.

INDICACIONES FINALES

Sabiduría de Ayer, para los Tiempos de Hoy

www.**wisdom**collection.com